Du Congo jusqu'aux Andes
Réflexions sur la Coopération au développement

© **L'Harmattan, 2016**
5-7, rue de l'Ecole-Polytechnique, 75005 Paris

www.harmattan.com
diffusion.harmattan@wanadoo.fr

ISBN : 978-2-343-09487-8
EAN : 9782343094878

François GRESLOU

DU CONGO JUSQU'AUX ANDES

Réflexions sur la Coopération au développement

Préface de David GABRIEL

PRÉFACE

Je sais, et vous le découvrirez aussi : il est absurde d'écrire une préface pour un livre si complet et si décapant. Mais lorsque son auteur m'a parlé pour la première fois de sa volonté de mettre sur papier son expérience de travail au Congo, j'ai su d'instinct qu'il fallait qu'on se prépare à une belle tempête... Et alors que j'entendais celle-ci gronder au fil des pages qu'il m'envoyait, il me fut impossible de ne pas délivrer le triple sentiment qu'il m'inspira. J'espère qu'il permettra au lecteur de se préparer aux intempéries...

Le premier correspond à la fois où on m'a présenté François Greslou. Pour mon plus grand plaisir, j'allais l'accompagner dans ses dernières années d'une longue carrière de coopération au développement. « Au Pérou, on m'appelle plutôt Pancho », me dit-il d'emblée... J'avoue que j'étais un peu déconcerté car pour ma part, derrière sa moustache bien achalandée et ses cheveux gris ondulés, j'y voyais davantage le sosie de Georges Brassens. Il avait l'air aussi Français qu'on puisse l'être et ce n'est qu'après avoir vécu une série de voyages en sa compagnie que mon avis changea radicalement : on peut l'affirmer, il est bien à moitié Péruvien. Toutefois, il a un autre point commun avec le chanteur : il ne pratique pas la langue de bois...

Cela m'amène au deuxième sentiment.

Quand il m'apprit qu'il avait, durant sa carrière, passé deux années au Congo et qu'il tenait à écrire cette expérience, mon esprit vagabond dut opérer une seconde torsion à 180° afin de le replacer dans un contexte africain qui, venant de lui, me semblait tout à fait insolite. « Heu… pardon Pancho ? »

Enfin, faut-il le dire, proposer à un Belge de lire « Les aventures de Pancho au Congo », ça à un petit quelque chose de provocateur…. Mais rien ne l'arrête et, loin de s'en faire, il y mit ses deux pieds franco-péruviens pour nous les livrer sans chichi, tel un professeur Tournesol… pas si lunatique que ça.

Et c'est là qu'arrive le troisième sentiment. Celui que nous pouvons tous avoir par rapport à la coopération au développement. D'un mouvement social de solidarité internationale elle s'est doucement muée en un complexe institutionnel gigantesque qui porte en lui ses limites voire ses inégalités et ses contradictions. Plus que jamais, en travaillant dans ce domaine, il faut être attentif au sens que l'on donne à nos actions. Et cela ne se limite d'ailleurs pas à la coopération. À qui profite le projet mis en place ? Comment peut-il nous donner l'opportunité de collaborer et de grandir les uns avec les autres, de partager nos savoirs ? Derrière les arcanes des administrations et des relations formelles, comment peut-on faire se rencontrer les gens pour qu'ils tissent une réelle coopération internationale ? Et cette coopération, demain, n'en serons-nous pas les premiers bénéficiaires… ? Il ne faut en effet pas sous-estimer les nombreux savoirs et les capacités de résilience des populations du Sud. Elles les expérimentent depuis de nombreuses années et ont une expertise qui nous sera précieuse face aux multiples changements qui nous arrivent.

Et maintenant, place aux « Aventures de Pancho au Congo »…

David GABRIEL
Coordinateur Partenariat Sud
ONG Autre Terre

INTRODUCTION

Cela fait maintenant plus de vingt ans que je suis parti au Congo Brazzaville comme Chef d'un Programme de Redynamisation Rural dans deux provinces de ce pays, programme conséquent qui avait reçu un financement imposant de la part d'un important bailleur de fonds européen. Ce Programme constitue un exemple, un support concret qui permet d'illustrer les remises en cause et les propositions qui font l'objet de cet ouvrage.

Je me suis donc expatrié pour deux ans, seul, car je ne pouvais pas imposer à ma femme et mes quatre enfants adolescents de repartir à l'étranger dans un pays agité par des luttes interethniques alors que quelques mois avant nous avions dû quitter notre pays, le Pérou, pour des raisons similaires de violences socio-politiques.

Solitaires, mes dimanches étaient bien longs et j'en ai profité pour mettre par écrit ce que j'avais pu observer la semaine antérieure, lors de mes sorties sur le terrain dans les provinces où intervenait notre Programme.

À la fin de ma mission, j'ai mis un peu d'ordre dans mes écrits pour en faire un manuscrit cohérent, mais à vrai dire incomplet et négatif car il se limitait à remettre en cause les lignes d'action et les réalisations du Programme, sans proposer d'alternative à l'unique modalité d'intervention que nous connaissions, à savoir le « projet de développement ».

À mon retour en France, j'ai soumis ces textes à la Fondation qui était en train de publier un autre manuscrit, témoignage de mes vingt ans passés au Pérou[1] ; elle l'a trouvé agréable à lire, amusant, un peu sarcastique, mais a estimé qu'il n'était pas assez étoffé pour en faire une publication.

Vingt ans plus tard et avec davantage de temps (je suis maintenant retraité !), il me tenait à cœur de reprendre cet ouvrage tout en lui donnant une perspective plus profonde, nourrie par les expériences acquises durant cette longue période passée au sein d'ONG françaises d'aide au développement, dans un projet de développement au Paraguay et de nouveau au Pérou, comme coopérant d'une entreprise sociale belge. Pour ce faire, j'ai cherché à compléter mon manuscrit – les trois derniers chapitres - en réfléchissant sur ce que pourrait devenir une relation future entre le Nord et le Sud. Conçue et exécutée selon notre modalité dominatrice du « Projet de développement » avec ses coopérants, experts et transferts en tout genre, cette relation avait jusqu'à maintenant comme objectif principal colporter, voire d'imposer le modèle occidental de « Développement » - avec un « D » majuscule - supposé universel.

En effet, peut-on encore parier sur le « Développement » occidental quand on voit tous ses effets néfastes et destructeurs ? Ne serait-il pas préférable d'oser le remettre en question ? N'existe-t-il pas d'alternatives au « Développement » ?

Certaines sociétés du Sud et en particulier les congolaises qui ont « bénéficié » de notre Programme et les andines avec lesquelles j'ai travaillé plusieurs années, ont su résister à nos « projets de développement » et à l'occidentalisation. Réfractaires au « Développement », ces sociétés ont su préserver leurs différences et conserver des valeurs, des savoirs, des richesses – pas forcement matérielles -, des

---

[1] « Le coopérant, missionnaire ou médiateur ? Rencontre de cultures et développement dans les Andes : un témoignage », Edit. Syros/FPH, Paris 1994.

pratiques, etc., qui, à l'heure actuelle, pourraient inspirer des alternatives au « Développement » et donc être utiles à des sociétés « modernes » du Nord en crise. Mais évidemment cela signifie que la relation Nord-Sud ne s'établisse plus en termes de domination, mais en termes de réciprocité. Et le premier pas pour y arriver serait de revisiter de fond en comble notre modalité « projet de Développement » et tout ce qu'elle suppose pour inventer et mettre en œuvre d'autres modalités qui, d'une part, favorisent l'expression, la valorisation et la diffusion d'autres futurs possibles et, d'autre part, contribuent à ce que le Nord, encore bien arrogant, commence à écouter et à recevoir du Sud.

F.G.

Lima, avril 2016

CHAPITRE 1

UN PROJET DIFFÉRENT DES AUTRES ?

Mon gardien ou le temps qui ne passe pas

Le dimanche est le jour que j'appréhende le plus.

Je me suis réveillé comme d'habitude à six heures et quart alors que je n'avais pas enclenché mon réveil car, vu ce que j'avais à faire, c'est-à-dire rien, j'espérais gagner au moins deux ou trois heures en faisant la grasse matinée. Comme je n'arrive pas à me rendormir, je traine sur mon lit en essayant de lire quelques pages d'un bouquin sur le monde rural congolais, mais je n'arrive pas à me concentrer, il fait déjà trop chaud.

Je me lève et, en prenant mon petit déjeuner, seul, bien sûr, je laisse ma pensée faire un petit tour du coté de Montpellier. Je vois Éric qui met le couvert, Felipe qui revient de la boulangerie avec des baguettes et des croissants chauds –c'est dimanche!-, Daniel, qui à la lecture du Midi-Libre commente les résultats du championnat de France de football, Lila qui fait chauffer le lait –ses enfants sont encore bien trop petits pour s'occuper de cette tâche si dangereuse qui consiste à allumer une cuisinière à gaz !- et Laura qui ne va pas tarder à émerger de son lit pour nous rejoindre. Nous rejoindre !

Non ! Ne rêve pas, tu n'es pas à Montpellier avec eux, mais ici, à Brazzaville… tout seul !

J'ai tout le temps, je prends une tartine de plus et je me demande bien ce que je vais faire de ma journée pour qu'elle passe et en plus je voudrais qu'elle passe vite. Il n'est encore que huit heures du matin !

Pour réfléchir à ce que je vais bien pouvoir faire je me mets à laver quelques chemises et par la fenêtre j'aperçois le gardien qui veille sur nos bureaux et, au passage, me surveille car j'habite au-dessus. Il est assis dans un fauteuil en osier, derrière le portail d'entrée et lui aussi va passer son dimanche ici, sans avoir rien d'autre à faire. Plus tard j'irai bavarder un peu avec lui de la situation politique du pays – c'est le thème qui est à l'ordre du jour en ce moment - mais à tout casser cela m'occupera une demi-heure. Pour moi, pour que le temps passe, il faut absolument que je fasse quelque chose, sinon les aiguilles de ma montre n'avanceront pas. Mais lui visiblement il ne fait rien, il ne cherche pas à faire quelque chose, je dirai même plus : il sait ne rien faire et pourtant le temps passe bien pour lui !

Quelques jours avant, je lui avais proposé une petite pièce, ou plutôt quelques billets de francs CFA pour qu'il coupe l'herbe du jardin, mais il n'a pas voulu. Ce n'est pas son boulot ; lui il garde ! J'insistais en lui disant qu'il pourrait bien garder en passant la tondeuse, mais non, il a refusé et m'a proposé d'en parler à un cousin qui pourrait être intéressé. Il faut croire qu'il préfère garder en ne faisant rien d'autre. Et ne croyez pas que c'est un retraité ou un petit vieux qui aurait besoin de se reposer après une longue vie de dur labeur ; il est jeune, costaud et en pleine force de l'âge. Après avoir fait quelques pas, il se réinstalle dans son fauteuil en osier, calme, reposé, paisible. Il n'a nullement l'air d'être préoccupé et encore moins d'être stressé, comme je le suis, pour à tout prix faire quelque chose, s'occuper, tuer le temps.

J'aimerais bien savoir ce qui se passe dans sa tête.

Comment peut-il rester là sans rien faire pendant des heures, des jours, des semaines, des mois ? Même grassement payé - ce qui n'est pas son cas !- pour rien au monde je ne pourrais faire ce qu'il fait, c'est-à-dire... rien ! D'où vient cette différence ?

Dans mon cas, c'est simple, je peux expliquer ce qui m'arrive.

Je veux que le temps passe vite et très vite car j'attends avec impatience le moment tant rêvé, tant désiré où je serai de nouveau pleinement heureux, c'est-à-dire le jour où je prendrai l'avion pour retrouver ceux que j'aime. Ma situation actuelle depuis cet affreux vendredi 13 novembre, n'est pas normale. Ce vendredi noir où je suis parti seul pour une durée indéterminée, ce vendredi qui m'a fait souffrir pendant quinze heures dont presque la moitié à attendre dans des aéroports, heures interminables durant lesquelles je n'avais pas autre chose à faire que de me poser toujours les même questions :

- Es-tu sûr d'avoir fait le bon choix ?
- Fallait-il vraiment que tu acceptes ce boulot de chef de projet au fin fond de l'Afrique noire ?
- N'aurais-tu pas dû patienter un peu plus pour décrocher un poste en France et rester avec la famille ?

Je n'ai jamais vécu seul, séparé des miens. Cette situation qui est la mienne actuellement non seulement est anormale mais elle n'est pas tenable. Je tiens le coup seulement parce que je sais qu'elle est transitoire et ce « transit » doit passer le plus rapidement possible car loin d'eux, de ma femme et de mes enfants, il est impossible que je puisse vivre heureux, que je puisse vivre pleinement.

J'arrive à tenir car j'aspire, je tends de toutes mes forces vers une situation autre, meilleure bien sûr, que j'ai même idéalisé dans ma tête, être de nouveau en famille. En fait je me « projette » dans l'avenir.

Et ce « projet » qui est responsable de mon exil durement consenti ne fonctionne-t-il pas de la même manière ?

Il part aussi d'une situation donnée, anormale : « des villageois pauvres qui émigrent vers la capitale » et il se propose de tendre vers une situation autre, meilleure et tout aussi idéalisée : « la redynamisation du milieu rural ». Pour ce faire, il met en branle des devises, des francs CFA par millions, des ministres, des experts, des véhicules, des méthodes toujours plus « participatives »… et j'en passe ! Il s'occupe, il s'agite, il agit, il fait des choses pour essayer d'atteindre cette situation meilleure et cela le plus rapidement possible car il faut respecter les délais fixés par le bailleur du Nord. Pour ce dernier, un bon projet est celui qui utilise les fonds affectés au projet en un minimum de temps. Pour lui aussi il faut que le temps passe vite !

Qu'a-t-il de spécial ce projet pour avoir accepté de me mettre dans cette galère ?

Le projet vu de France, avant de partir

Comment ai-je bien pu devenir Chef d'un Projet au Congo, moi un « latino-américain » qui n'a jamais mis les pieds dans ce coin de la planète ?

Ce fut ma réaction quand un beau jour de septembre je reçois le coup de fil d'un collègue que je connaissais à peine. Nous nous étions rencontrés une seule fois, il y a un an, lors d'un séminaire sur les systèmes agraires. Il m'avait alors demandé mes coordonnées car, m'avait-il dit, ce que j'avais présenté lui avait bien plu.

- Tu ne voudrais pas partir au Congo-Brazza ? J'ai un poste de Chef de projet de développement rural à te proposer
- Merci bien, c'est sympa d'avoir pensé à moi, mais tu as dû te tromper de bonhomme ! Comment peux-tu confier une telle responsabilité à une personne que tu connais à peine ?

- Pas de problème, je sens que j'ai un bon « feeling » avec toi.
- En plus je n'ai jamais mis les pieds en Afrique noire ; les promoteurs du projet ne vont jamais accepter ma candidature.
- T'inquiète pas, on peut facilement arranger ton CV pour que ça passe
- Bon, je vois que tu n'es pas à court d'arguments mais il reste un problème de fond ; l'Afrique ce n'est pas le Pérou ! Pour ce qui est du développement rural, ça devrait coller car j'ai plus de vingt ans d'expérience, mais pour ce qui est du contexte, je ne connais rien.
- Ne t'en fais pas, c'est le pays le plus « latino » de l'Afrique ; les gens sont chaleureux, ouverts, fiers, c'est une terre de contraste avec des paysages splendides ; tu verras, tu ne seras pas dépaysé.
- Je veux bien te croire, mais laisse-moi un peu de temps pour réfléchir.
- Non, j'ai besoin de ta réponse tout de suite, au plus tard demain.

Le lendemain j'arrive à lui faire admettre que j'ai besoin d'en savoir plus pour prendre ma décision. Je monte donc à Paris pour le rencontrer. Patron d'une petite société d'études, il me reçoit dans ses bureaux, un petit appartement vétuste et en complet désordre, situé au 5ᵉ étage – sans ascenseur ! - d'un immeuble du 20ᵉ arrondissement. J'avoue que je m'attendais à mieux, mais peu importe. Futé comme un vieux renard, il choisit bien ses arguments, me fait miroiter les points positifs de ce projet dont il veut me confier la responsabilité et insiste sur ceux qui, du fait de mon expérience antérieure en Amérique latine, avaient des chances de me faire vibrer.

Il attaque en mettant l'accent sur les mots dont il sait qu'ils me feront plaisir :

- Le projet se veut « participatif », il repose sur des relations de « partenariat » entre les différents acteurs de développement et il consiste en fait en un « accompagnement » d'actions et de petits projets, choisis par la population bénéficiaire qui, à terme, pourra devenir « protagoniste » de son propre développement.

Beau discours mais je ne me laisse pas impressionner et lui objecte :

- Peut-être, mais le cadre, pour ne pas dire le carcan de ton projet est vraiment très classique : un bailleur de fonds du Nord et un gouvernement au Sud qui se mettent d'accord pour essayer de faire passer, pour ne pas dire imposer, un développement qu'ils estiment bénéfiques pour les populations qui, elles, n'ont pas été consultées.

- Détrompe-toi, des enquêteurs ont parcouru les zones d'intervention du projet pour faire un « diagnostic-participatif » afin de recueillir les attentes et le besoins des villageois ; et c'est sur cette base qu'a été élaboré le projet.

Je veux bien le croire, mais ne suis pas complètement convaincu.

Honnête, il ne me cache pas les nombreuses difficultés que traverse actuellement le projet :

- Une succession difficile, le chef que je remplace vient de se faire expulser par les Autorités congolaises pour avoir mis son nez là où il ne fallait pas ;
- Une douzaine d'experts expatriés et nationaux qui non seulement n'arrivent pas à travailler ensemble, mais se tirent dans les pattes, un vrai panier de crabes ;
- Une codirection nationale du projet qui au lieu de coopérer, fiscalise et met des bâtons dans les roues…

Charmant tableau que mon nouvel employeur essaie de tempérer en me dressant la liste des divers avantages matériels que ma nouvelle fonction va m'octroyer :

- Une belle et grande maison, juste ce qu'il faut pour ma famille nombreuse ;

- Un véhicule de fonction, une « Nissan 4 x 4 », avec chauffeur pour aller sur le terrain, mais on fermera les yeux si je l'utilise pour des fins familiales ou personnelles ;
- Deux mois de congé par an avec les billets d'avion payés pour toute la famille afin de pouvoir les passer en France ;
- Et un salaire qui, même s'il n'atteint pas tout à fait celui d'un expert international -la société est encore trop jeune pour se le permettre -, est bien sûr très attrayant pour un chômeur.

Bref, après plusieurs heures de discussions de ce genre, il m'a convaincu ! J'ai accepté son offre.

Il est vrai qu'il tombait à pic car j'étais au chômage depuis plusieurs mois et j'avais trop peur d'arriver en fin de droits et de ne plus pouvoir remplir la marmite familiale.

Et puis, après tant d'années passées dans les Andes, je ressentais l'envie de découvrir une autre réalité, de connaître un autre monde.

Enfin la perspective de relever un défi en assumant la responsabilité de relancer un gros projet en crise me titillait quelque part.

Mais, revers de la médaille, il va falloir laisser la famille, ma femme et mes quatre enfants qui sont encore bien jeunes (de 18 à 10 ans). Quelques mois avant, on avait dû abandonner notre pays, le Pérou, du fait de la situation de violence sociopolitique qu'il traversait et la famille commence juste à s'habituer à sa nouvelle vie en France ; décemment je ne peux pas lui demander de refaire les valises pour repartir au fin fond de l'Afrique. J'ai tout de même réussi à négocier de pouvoir revenir la voir pendant quinze jours tous les deux mois et demi. Et heureusement car dix mois de séparation auraient été insupportables !

Pendant la période très courte de préparation – moins de deux mois -, je n'arrête pas de brasser les arguments de mon nouvel employeur et n'arrive pas à me convaincre du bien-

fondé et de l'efficacité de ce type d'intervention qu'on appelle
« projet de développement ».

Tendre vers des finalités, se fixer un objectif, atteindre des
résultats, réaliser des actions, utiliser des moyens de manière
efficace et efficiente, respecter les délais, faire le suivi,
évaluer… constituent le dénominateur commun du « projet »,
seule modalité d'intervention connue à l'époque, c'est-à-dire il
y a plus de vingt ans en arrière, par les bailleurs de fonds et
agences de coopération du Nord.

Qui plus est, pour eux, seule cette modalité « projet » est
susceptible de recevoir un financement car elle leur permet de
contrôler de près la raison de l'intervention à savoir le passage
d'une situation donnée, anormale et inacceptable vers une
autre considérée par eux comme meilleure.

Les gouvernements des pays du Sud se prêtent au jeu pour
élaborer et négocier ce cadre « projet », imposé par les bailleurs
du Nord car sinon ils ne recevront pas l'aide financière.

Et le défi des exécutants du dit projet est de le faire
accepter et adopter par les bénéficiaires et pour cela, depuis
des décennies, ces mêmes agents du développement ou
coopérants imaginent, inventent et appliquent des méthodes
de plus en plus participatives. En effet pour les décideurs du
Nord ce sont eux les bénéficiaires qui doivent participer au
projet de développement qu'ils ont défini en lien avec les
autorités nationales.

Bref, malgré mes doutes et remises en cause, c'est avec de
bonnes dispositions et prêt à tout que, deux mois après le
premier coup de fil, je m'embarque vers ce pays totalement
inconnu pour m'occuper de ce projet qui, d'après les
informations reçues ici, devrait être différent des autres.

Qu'en est-il en réalité ?

Voici concrètement en quoi consiste ce projet, pardon… programme !

En effet, il s'intitule « Programme de redynamisation du milieu rural ».

Le terme « programme » qui fait nettement plus sérieux, a sans doute été choisi pour bien insister sur la grandeur et l'importance de l'intervention. Est-ce pour cela qu'au lieu du classique « agent technique », nous avons tous droit au titre pompeux d'« expert » ?

Mais revers de la médaille, il est très compliqué ce Programme et, au risque d'être fastidieux, je suis obligé d'en donner quelques explications.

À l'origine, condition *sine qua non*, un bailleur de fonds du Nord, une agence de coopération technique internationale qui, après de longues négociations avec le gouvernement du Congo, a accepté de financer ce vaste programme de développement rural dans deux régions bien définies dont une qui a été imposée par le Président de la République de l'époque et la plupart de ses Ministres car ils en sont originaires.

Dans les textes officiels, il s'agit d'un programme pilote car, à partir des leçons tirées dans ces deux régions il sera alors possible de l'étendre à l'ensemble des régions du pays.

Quels sont les acteurs de notre programme ?

Commençons comme il se doit par les « chefs ».

Le bailleur de fonds du Nord dispose à Brazzaville d'un siège avec un Représentant permanent et un certain nombre de conseillers techniques spécialisés en développement rural, travaux publics, santé, etc. Cependant pour afficher clairement sa volonté de ne pas se mêler des affaires de ce pays et pour chercher à responsabiliser les autorités nationales, ce bailleur remet les fonds à petite dose et après avoir apposé son visa, au Ministre du Plan qui joue le rôle d'Ordonnateur National du Programme, celui qui ordonne ! Comme ce dernier est très occupé, c'est le Directeur Général du Plan ou Ordonnateur National Suppléant qui gère le Programme.

Vu l'objet du Programme, le Ministre de l'Agriculture et de l'Elevage ne peut rester à l'écart. Il est donc désigné comme Maître d'Ouvrage du Programme et, à son tour, le Secrétaire Général de l'Agriculture et de l'Elevage assume le rôle de Maître d'Ouvrage Délégué car le Ministre a lui aussi bien d'autres choses à faire.

Redynamisation du milieu rural veut dire aussi réhabiliter des pistes et des ponts, construire des écoles et des dispensaires, aménager des sources, promouvoir la commercialisation, etc., et logiquement le Programme devrait avoir autant de Maîtres d'Ouvrage que de Ministres concernés : Travaux Publics et Équipements, Éducation, Santé, Énergie et Mines – pour l'hydraulique villageoise-, Économie et Finances, etc. Pour simplifier, il est décidé de créer un Comité Interministériel de suivi du Programme qui, dans les faits, ne verra jamais le jour. De même il est prévu, décentralisation oblige, que ce Comité Interministériel ait sa réplique au niveau des deux régions administratives auxquelles appartiennent les zones d'intervention du Programme. Là aussi, on attend toujours. Dans la pratique, tous ces Ministres et leurs délégués se sont attribués une fonction de Maîtres d'Ouvrage, car ce que fait le Programme touche directement leur secteur.

Bref, au total cela fait une bonne quinzaine de « chefs ».

Y a-t-il encore une petite place pour moi ? Ne suis-je pas officiellement le chef de ce Programme ?

Dans les faits, quand il s'agit de prendre des décisions, je ne fais guère le poids car hiérarchiquement, j'arrive en dernière position et suis clairement considéré comme un subordonné qui doit exécuter des ordres. Par contre quand il y a un problème ou une faille, ils sont bien contents de pouvoir me désigner comme bouc émissaire afin de me faire payer les pots cassés !

Mon rôle se limite donc à faire des courbettes avec la plus grande diplomatie possible pour que mes « patrons » veuillent bien se mettre d'accord entre eux pour prendre des décisions opportunes et pas trop tardives. Mission délicate car entre eux existe une contradiction fondamentale : d'un côté il y a ceux qui possèdent les fonds et veillent scrupuleusement à leur utilisation, mais ne veulent pas diriger et de l'autre ceux qui doivent diriger en gérant des fonds qu'ils n'ont pas !

Passons aux exécutants du Programme.

C'est un ensemble d'experts expatriés, d'experts nationaux et d'employés locaux, en tout une trentaine de personnes qui doivent travailler en équipe sous l'autorité du Chef de Programme.

Parmi les 7 expatriés répartis de manière presque paritaire - 3 femmes et 4 hommes -, il y a 4 français dont un qui est plus congolais que français car il a déjà vécu plus de 15 ans dans ce pays, 2 burkinabè et 1 népalais naturalisé français. Quant aux 6 experts nationaux dont seulement 1 femme, ce sont des fonctionnaires qui, détachés par leur ministère de tutelle, sont affectés au Programme. Plus tard on m'expliquera que ces collègues nationaux ont été choisis plus pour leur appartenance au parti politique du Président de la République et aux bons et loyaux services rendus que sur des critères de motivation et de compétences.

Tout ce beau monde est divisé en 3 équipes, une dans chaque zone d'intervention et la troisième au siège du Programme à Brazzaville. Chaque équipe de terrain se compose de 3 expatriés, un ou une agroéconomiste qui en assume la coordination sur place, un génie rural, une sociologue et 3 experts nationaux, leurs homologues, auxquels s'ajoute un personnel administratif, principalement pour la comptabilité. Avec tant de chefs qui contrôlent et fiscalisent, il ne faut pas se tromper d'un centime !

Expatriés et nationaux, chacun a droit à un véhicule double traction, avec en plus un chauffeur pour ceux qui n'ont pas de permis, ce qui constitue un parc automobile conséquent - 14 camionnettes « 4 x 4 » Nissan, construites et importées d'Espagne - dont l'entretien ponctionne fortement sur le budget du Programme du fait de l'état des pistes et des distances. Le Programme met aussi à la disposition de chacun un logement de fonction meublé – y compris un réfrigérateur à pétrole qui tombe toujours en panne - pour eux et leurs familles respectives. Précisons que les deux coordinateurs d'équipe résident respectivement à Owando et à Kinkala, capitales des régions de La Cuvette et du Pool afin de faciliter les contacts avec les autorités régionales tandis que les membres de leurs équipes résident à Boundji et à Boko, chefs-lieux des districts où intervient le Programme pour être plus près des bénéficiaires. Dans les faits cela veut dire que les responsables des équipes doivent coordonner le travail à distance car ils sont séparés de leurs administrés par plusieurs heures de piste en très mauvais état.

Devant faire le lien entre tous mes « chefs » et les exécutants, je suis évidemment basé au siège du Programme à Brazzaville avec une équipe de collaborateurs : un directeur administratif et financier qui, comme il se doit, est un expatrié et du personnel local pour la logistique, la comptabilité, le secrétariat, etc.

J'ai droit aussi à une camionnette double traction pour aller visiter les coordinateurs et les équipes de terrain et, même si j'ai le permis de conduire, je dispose d'un chauffeur chevronné pour éviter de rester embourbé sur les pistes défoncées. C'est la première fois de ma vie que je me fais conduire et j'ai un peu honte. Mais j'ai bien fait d'accepter car non seulement c'est un expert de la conduite en brousse mais surtout un très agréable compagnon de route qui m'a appris beaucoup sur son pays pendant les longues heures passées ensemble dans la camionnette.

Comme prévu, je dispose d'un immense logement, tout le premier étage des bureaux du programme avec une terrasse si grande qu'on aurait pu y installer trois tables de ping-pong. Et alors que mon prédécesseur occupait commodément tout l'étage avec sa femme, ses deux enfants et ses « boys », moi qui suis seul, je n'ai besoin que d'un dixième de l'espace.

Comme annoncé par mon patron parisien, ce personnel exécutant est loin de travailler en équipe, c'est plutôt une juxtaposition d'individus qui font tout ce qu'ils peuvent, mais seuls dans leur coin. N'étant pas certains que leurs activités rentrent bien dans le cadre logique du Programme et devant résoudre seuls des difficultés qui bien souvent les dépassent, ils font un peu n'importe quoi et cherchent à se justifier en critiquant ou dénonçant les autres qui ne feraient pas ou mal leur boulot. Il faut bien reconnaître que l'éparpillement géographique –pas moins de 5 bases opérationnelles !- n'a pas facilité les coordinations qui auraient pu progressivement faire émerger un travail en équipe.

Et les bénéficiaires ?

C'est la population rurale des deux zones d'intervention du Programme, à savoir un ensemble de 250 villages dont le nombre d'habitants varie entre 50 et 1500.

Un échantillon de quelques villageois a eu le privilège d'être interrogé par des enquêteurs, envoyés par les services nationaux, qui ont recueilli leurs besoins et leurs attentes.

Ensemble, chefs, exécutants et bénéficiaires doivent atteindre, en quatre ans, la redynamisation du milieu rural des deux zones d'intervention choisies.

Les résultats de l'enquête préalable auprès des bénéficiaires ont inspiré les promoteurs du programme, le Gouvernement congolais et le Bailleur de fonds du Nord qui ont réussi à se mettre d'accord sur trois grandes lignes d'action - ou axes d'intervention -, devant permettre d'atteindre la nouvelle situation souhaitée, à savoir un milieu rural redynamisé.

Ces trois grandes lignes d'action sont :

1. Le désenclavement des zones rurales choisies afin de favoriser l'écoulement des produits locaux grâce à la réhabilitation des pistes agricoles ;
2. L'amélioration du cadre de vie – santé, éducation…- pour inciter les populations à ne plus migrer vers la capitale ou d'autres villes secondaires :
3. L'appui à l'initiative privée de petits entrepreneurs et de commerçants pour relancer l'activité économique sur la base d'opérateurs locaux.

Voilà, c'est *grosso modo* la situation qui m'attend quand je débarque pour prendre le relais comme Chef de ce Programme. Et il ne me reste plus que deux ans pour le mener à terme !

Les deux premiers axes étaient en cours d'exécution, même si la réhabilitation des pistes avait pris beaucoup de retard. Quant au troisième, tout restait à faire.

Mission impossible ?

Je ne m'en inquiète guère car en général les promoteurs de ce type de projet prennent facilement la décision de rajouter une deuxième phase et le cas échéant une troisième pour venir à bout des résultats escomptés.

Mais dans l'immédiat il faut débloquer la situation de crise en essayant de créer une dynamique d'équipe et en redonnant la confiance aux « Chefs » du Programme. Après le départ de mon prédécesseur et vu l'ambiance malsaine de discorde qui régnait entre les experts, les « Chefs » avaient eu la réaction logique de renforcer leur système de contrôle et d'assumer des rôles qui n'étaient pas les leurs. Ce qui bien sûr avait pour effet de provoquer des étincelles, de générer des tensions entre eux et les exécutants.

La première chose à faire est donc d'éteindre les feux de discorde qui se sont étendus entre les différents acteurs du Programme.

V'la le pompier !

Quand je débarque à l'aéroport de Brazzaville, il est minuit, heure locale.

Les quinze heures de voyage, la chaleur, l'humidité, le manque de sommeil me permettent de rester sur un petit nuage pour affronter les contingences immédiates : passer la frontière et terminer la nuit dans un lit. Comme je ne suis pas spécialement pressé, on me bouscule, on me passe devant et je me retrouve le dernier dans la queue pour me présenter devant le guichet. Le policier est fatigué, il en a marre et sans me poser de question, il frappe sur mon passeport un cachet « Travail rémunéré interdit », C'est logique car dans la précipitation de mon départ, mon employeur n'avait pu m'obtenir qu'un visa de touriste pour quinze jours. Une fois dans le pays, tu n'auras pas de problème pour obtenir ta carte de résident, m'avait-il dit.

Je passe, je récupère mes bagages et au moment de sortir un autre policier me demande mon passeport.

- Vous ne pouvez pas passer, ici on ne fait pas de tourisme, on vient pour travailler !
- C'est vrai, je suis là pour travailler dans un projet de développement rural du Ministère de l'Agriculture
- Bienvenue, ce sont des gens comme vous dont le pays a besoin, mais sans visa je ne peux pas vous laisser passer, il me faudrait au moins un ordre de mission.

Au moment où je fouille dans mon sac pour chercher un document officiel qui pourrait satisfaire mon interlocuteur, deux « blancs » m'interpellent pour me demander mon nom. Je n'en reviens pas, le Chef par intérim et le Directeur administratif et financier du Programme ont fait l'effort de m'accueillir malgré l'heure tardive. Vu le tableau de la situation que m'avait peint mon patron parisien avant de partir, je ne m'attendais pas du tout à cette bonne surprise. Eux qui connaissent bien les coutumes locales, palabrent un moment avec le policier et je peux enfin passer la frontière. Leur gentillesse va même jusqu'à m'offrir un pot d'accueil, mais tout est fermé à cette heure, même le bar de l'hôtel le plus chic de la ville où ils avaient prévu de me faire descendre. Timidement je leur demande s'il ne serait pas possible de trouver un hôtel moins luxueux et là, autre surprise agréable pour moi, Christophe, le Chef par intérim propose de m'emmener chez lui. C'est un bon début !

Le lendemain matin, on part ensemble de bonne heure pour aller au travail.

Après m'avoir présenté rapidement à mes nouveaux collègues, le personnel local qui travaille au siège, il m'installe dans un bureau immense avec tout ce qu'il faut : un téléphone, un fax, des armoires, une table ronde pour se réunir, une carte du pays affichée au mur et même la climatisation qui ronronne bruyamment. Puis, il me laisse seul et ferme la porte en sortant. J'en profite pour envoyer un coup de fil à ma femme et la rassurer sur mon sort.

Comme il n'y a rien sur le bureau, j'ouvre les armoires… elles sont complètement vides !

Tout va bien, mais visiblement on m'a mis en quarantaine !

J'essaie d'interpréter ce qui m'arrive quand je suis interrompu par Christophe qui entre sans frapper et me tend un document :

- Voilà de quoi t'occuper ; quand tu auras fini de le lire, tu me fais signe et je t'en donnerai un autre. Pour plus de sécurité, j'ai tout gardé sous clef dans mon bureau.

- J'ai déjà lu beaucoup de documents et de rapports à Paris avant mon départ, ce que je veux c'est pouvoir rencontrer les gens : ici, les responsables du Programme et sur le terrain, mes nouveaux collègues.

- Comme tu veux, c'est toi le Chef maintenant.

Pendant la première semaine, grâce à l'aide de celui qui, semble-t-il, pour rien au monde, ne voulait continuer à assurer l'intérim, j'ai pu rencontrer une bonne partie des « Chefs » du Programme tant ceux du camp du Bailleur de fonds que ceux de l'Administration congolaise. Je les écoute sagement les uns après les autres et j'ai toujours droit aux mêmes discours : d'abords les griefs faits à mon prédécesseur, puis un lot imposant de recommandations et, enfin, un vœu presque unanime du genre : « venez me voir quand vous voulez et le plus souvent possible sera le mieux ».

C'est de bon augure, mais à les écouter je devrais passer tout mon temps avec eux pour les informer et recueillir leurs souhaits concernant la bonne marche du Programme. Toujours est-il qu'ils ne semblent pas avoir de préjugés contre moi ce qui, somme toute, est assez normal. N'ont-ils pas accepté ma candidature sur la base de mon CV ? Il est vrai qu'il avait été judicieusement « arrangé » par mon patron parisien.

Autre point positif : ils semblent me faire confiance pour relancer le Programme et au passage, pour leur enlever une épine du pied.

La deuxième semaine Christophe et son chauffeur m'emmènent à Boundji, dans le Nord du pays, à quelque 500 kilomètres de la capitale. Le départ est fixé à 5 heures du matin car nous avons plus de dix heures de route et de piste non réhabilitée à faire. Et d'après ce que m'a dit le chauffeur, il vaut mieux arriver avant la nuit car les passages difficiles, ceux où on risque de s'embourber, se trouvent plutôt en fin de parcours.

Christophe me laisse gentiment la place de devant, à droite du chauffeur pour que je puisse admirer le paysage et lui, s'installe confortablement sur la banquette de derrière. Il sort des documents de sa sacoche et se met à lire. Et pendant les dix heures, il ne dit pas un mot, sauf pour répondre par oui ou non aux questions que je lui avaient posées au début du voyage. Comme j'ai vite compris qu'il ne voulait pas me parler, je me suis mis à discuter avec le chauffeur. Est-ce par prudence pour ne pas m'influencer et me laisser découvrir par moi-même la situation ? Est-ce parce qu'il me fait la gueule parce que je lui enlève la place de chef ? Mais j'avais cru comprendre qu'il n'en voulait pas. Toujours est-il que son attitude me met mal à l'aise.

Les péripéties relativement mineures du voyage nous permettent d'arriver à la tombée de la nuit à Boundji, là où résident tous les membres expatriés et nationaux du Programme, sauf la coordinatrice de l'équipe qui habite à Owando, la capitale de la région, située encore plus au Nord à quatre ou cinq heures de piste. Le « 4x4 » traverse le bourg sans s'arrêter et je m'en étonne :

- Mais où va-t-on ? Nous ne sommes pas arrivés ?

- Si, mais on va un peu plus loin à la Mission ; je connais le curé et il accepte de nous donner des chambres pour dormir ; il faut payer un petit quelque chose et si tu gardes le reçu tu peux te faire rembourser.

- Bon d'accord, mais après on ira faire une petite visite aux collègues, il n'est pas tard.

- Non, tu les verras tous demain matin au bureau ; j'ai organisé une réunion pour te présenter officiellement à tout le personnel.

On s'installe tous les deux dans la même chambre car l'autre est déjà prise. À part quelques cafards, elle semble à peu près propre mais visiblement le « petit quelque chose » demandé aux rares hôtes de passage est loin d'être suffisant pour la maintenir en bon état. En particulier les moustiquaires placées au-dessus de chaque lit sont plutôt symboliques : la taille et la quantité de trous ne doivent guère empêcher les moustiques de passer et ici, ce sont des anophèles, le vecteur du paludisme.

C'est l'heure du dîner. J'ose espérer que l'un de mes futurs collègues nous accueillera avec un bon petit repas. Eh bien non ! Mon guide m'emmène dans la salle à manger de la Mission où on trouve une jeune femme attablée seule devant une boîte de thon vide et une banane. Il me la présente, c'est Nathalie, la coordinatrice de l'équipe, l'agroéconomiste expatriée. Elle aussi vient d'arriver, mais d'Owando, et comme nous elle s'est installée dans une chambre de la Mission. Je lui demande si on peut l'accompagner à sa table et là, prise de panique comme si j'étais un pestiféré, elle prend sa banane et s'en va en disant qu'elle a fini son repas et qu'elle a besoin de dormir car elle est très fatiguée… il est à peine 20 heures !

Mon compagnon qui ne semble pas du tout surpris par sa réaction, m'invite gentiment à partager la boîte de thon, le pain et les bananes qu'il avait fait acheter ce matin par notre chauffeur à la sortie de la capitale. Quant à ce dernier, il avait, lui, la chance d'être reçu chez l'administrateur local du Programme.

À 21 heures nous n'avons rien d'autre à faire que de nous mettre chacun dans notre lit. Il continue à lire pour me couper toutes velléités de discussion. Bien que fatigué et bon dormeur, j'ai du mal à trouver le sommeil. Plus que la susurration déplaisante des moustiques, c'est la réunion du lendemain qui titille mes pensées nocturnes.

Un peu à l'écart du bourg, le Programme a construit son siège, un bâtiment imposant et tout neuf. À l'intérieur, une grande salle de réunion autour de laquelle sont disposés 6 bureaux, un pour chaque expert et une salle pour les machines : photocopieuse, téléphone, fax… qui reçoivent l'énergie nécessaire – au moins en théorie - de panneaux solaires installés sur le toit.

Christophe me présente mes futurs collègues qui arrivent les uns après les autres avec leurs « 4x4 » et leurs chauffeurs. Les effusions sont limitées au strict minimum, un salut courtois, puis ils disparaissent et s'enferment dans leur bureau respectif en attendant qu'on les appelle pour la réunion.

La fameuse réunion commence avec plus d'une heure de retard, mais cela semble normal, et un tour de table permet à chacun de se présenter et d'expliquer ce qu'il fait. Et là, c'est la catharsis totale pendant plus de quatre heures ! Depuis plusieurs mois, ils ne se parlent plus entre eux, ils s'évitent, ils s'enferment dans des ressentiments et des rancœurs vis-à-vis d'autres collègues. Ma présence leur fournit l'occasion de se défouler et de dire tout haut ce qu'ils ressassent intérieurement depuis trop longtemps.

Christophe ne sait plus où se mettre, il essaie d'apaiser les ardeurs, les insultes, les cris. Il doit avoir peur que, face à ce panier de crabes qui se dévoile totalement inextricable, je me décourage et plaque tout. Je le rassure en invitant mes futurs collègues à exprimer tout ce qu'ils ont sur le cœur et je les écoute patiemment. La réunion se termine non pas parce que l'ordre du jour est épuisé, mais parce que ces joutes oratoires ont creusé les appétits. Et là, point positif à mettre au compte de Christophe, on se retrouve tous autour d'un bon repas que ce dernier avait eu l'idée géniale de commander à l'avance à la meilleure cuisinière du bourg. Qui plus est, c'est le Programme qui paie afin que tous puissent y participer et cela n'était pas arrivé depuis bien longtemps.

Les jours suivants j'aurais bien aimé sortir dans les villages pour voir ce que réalise concrètement le Programme. Cependant au lieu de faire cette tournée qui pourrait être interprétée comme une inspection, j'opte pour passer un moment avec chacun de mes nouveaux collègues pour continuer à les écouter et discuter tranquillement.

Je découvre petit à petit que depuis le début du Programme, ils sont « gérés » uniquement sur la base de relations formelles, hiérarchiques et parfaitement verticales.

Et par conséquent ils sont frustrés d'être constamment soumis à des décisions prises loin de la réalité, dans les bureaux de la capitale. Eux qui sont sur le terrain, proches des bénéficiaires, qui vivent au quotidien les difficultés de la mise en œuvre du Programme, n'ont-ils pas leur mot à dire ? Non seulement ils n'ont pas droit à la parole, mais le canal qui pourrait faire remonter leurs points de vue jusqu'aux grands « chefs » n'a jamais fonctionné. Nathalie, la coordinatrice de l'équipe, est seule dans son coin et ne peut, ne serait-ce que physiquement, faire le pont entre le terrain et la capitale ; elle est trop éloignée de l'un comme de l'autre.

En plus ils sont « gérés » comme des employés de bureau alors qu'ils vivent en brousse où l'isolement pendant de longues périodes perturbe l'équilibre entre les temps consacrés au travail, à la famille et à d'autres activités. Chacun affronte des conflits personnels plus ou moins compliqués que l'administration centrale envenime au lieu d'essayer de les comprendre et de les atténuer. Par exemple, pour être sûr que les experts restent au maximum sur le terrain, le Programme ne leur paie aucun défraiement -pétrole, hôtel, restaurant- pour les voyages que, pour des raisons professionnelles et/ou personnelles, ils doivent faire à Owando et à Brazza.

Par conséquent, dans un premier temps, ma principale préoccupation sera de favoriser les rencontres, les discussions, qu'elles soient formelles ou non, à deux ou par petits groupes, en équipe de terrain ou entre responsables, etc. Il faut à tout prix rétablir la communication et le dialogue entre tous les intervenants du Programme.

Lors de leurs séjours à Brazza que je cherche à multiplier pour améliorer les relations, je les invite chez moi soit pour dormir – j'ai de la place ! -, soit pour manger, soit tout simplement pour boire une bière sur la terrasse. Nationaux ou expatriés, chacun apprécie et m'avoue que c'est la première fois qu'il peut monter et être accueilli à l'étage.

Petit à petit les relations professionnelles et humaines s'améliorent entre nous, un début de dynamique de travail en équipe s'instaure, les « chefs » de la capitale nous font de nouveau confiance et desserrent lentement les étaux de surveillance et de contrôle qui avaient fini par freiner l'avancement des actions. Nous pouvons maintenant passer aux affaires sérieuses : la mise en œuvre de notre Programme.

Différemment ou comme les autres, qu'avons-nous fait concrètement dans le cadre de ce Programme pour aider, appuyer, accompagner ces populations dans leur propre développement ?

CHAPITRE 2

LE DÉSENCLAVEMENT

Bonjour chef !

Je descends discuter avec mon gardien car je ne résiste pas à l'envie de lui demander s'il ne s'embête pas trop, s'il ne trouve pas le temps trop long. Il est toujours assis dans son fauteuil en osier qu'il a déplacé sous l'auvent de la porte d'entrée des bureaux pour être plus au frais. Il écoute tranquillement la radio.

- Bonjour Chef !
- Bonjour Louis, quoi de neuf !
- Rien Chef, tout est vieux !

Aujourd'hui il laisse la politique nationale pour me parler du match de foot qui va se jouer cet après-midi dans le cadre des éliminatoires pour la Coupe du Monde. Du coup je n'ose pas lui poser mes questions qu'il risque de trouver saugrenues et peu opportunes. En revanche pendant une demi-heure, on parle football et rien de plus. Il est content, moi aussi et on passe un bon petit moment ensemble. En remontant chez moi au premier étage, je me rends compte que, paniqué par un instant de silence, c'est moi qui ai pris l'initiative de rompre cette rencontre. Il fallait que je fasse quelque chose !

Il n'a rien fait pour me retenir, il ne m'a pas demandé pourquoi je partais, pourquoi je ne pouvais pas rester un peu plus longtemps à bavarder avec lui si notre dimanche était encore loin d'être terminé. Il a dû penser que le « blanc », c'est fait pour travailler et encore plus s'il est chef !

D'ailleurs souvent, nos collègues congolais ne se gênent pas pour nous le rappeler et au passage se moquer de nous :

- Vous, les blancs, vous êtes là pour travailler ; c'est votre Programme !
- Mais non, c'est le vôtre ! Nous ne sommes là que pour vous aider à le mettre en œuvre ;
- C'est bien grâce au Programme que vous êtes là et que vous êtes bien payés, alors ne vous plaignez pas si vous avez beaucoup de travail !

Ces projections vers une situation autre que ce soit dans mon cas : « retrouver la famille » ou dans le cas des expatriés du Programme – dont moi aussi ! - : « redynamiser le milieu rural », situations qu'il faut atteindre coûte que coûte en respectant les délais, font que dans les deux cas nous sommes insatisfaits, angoissés, stressés et en plus pressés, c'est-à-dire tout le contraire de mon gardien ou de nos collègues nationaux. Du coup pour supporter ce moment difficile, pour essayer de sortir de cette mauvaise passe, on travaille ou plutôt on pense et on dit bien haut et fort qu'on travaille, mais en fait on s'agite, on s'active, on devient frénétique et parfois on fait un peu n'importe quoi. Mais point positif, le temps passe plus vite !

Les taquineries de nos collègues congolais ne sont-elles pas justifiées ?

Qui plus est, on est prisonnier de cette logique, on ne peut plus s'en sortir car on s'invente toujours de nouveaux projets, c'est plus fort que nous. On vient d'en finir un et on passe tout de suite au suivant. Je sais très bien que quand j'aurais atteint cette situation tant désirée de retrouver la famille, il faudra que je me réinvente rapidement un autre « projet » pour continuer à avancer, à progresser –on n'arrête pas le progrès !-, à tuer le temps… une espèce de fuite en avant en quelque sorte.

De même, sans attendre de savoir – et d'évaluer - si dans les zones d'intervention choisies, le milieu rural est vraiment « redynamisé », les décideurs de notre Programme vont, eux aussi, réinventer un autre « projet » car il faut avancer, développer, progresser, etc. et cela fait plus de 50 ans qu'on fait des projets de développement ! Avec quels résultats ?

D'ailleurs il est probable qu'ils aient encore un bel avenir devant eux, car en fin de compte, les vrais bénéficiaires de ces projets ne sont en général pas ceux qu'on pense.

En effet, eux, les soi-disant bénéficiaires, ceux qui n'ont pas encore eu la « chance » d'être développés, les paysannes *quechua* qui passent leur dimanche assises par terre sur la place du marché dans un bourg des Andes pour vendre – n'est-ce pas un travail ? - quelques pommes de terre ; les villageois comme on les appelle ici, assis devant leur maison qui attendent pendant des heures le passage d'un véhicule dont les occupants pourraient éventuellement s'arrêter pour leur acheter du manioc… ; et mon gardien qui est toujours là et qui garde, ont une conception du temps et du travail qui, semble-t-il, n'a rien à voir avec la nôtre.

Les trois, si différents les uns des autres, ont cependant un point commun : leur travail ne les rend pas angoissés, stressés, malheureux. Bien au contraire ils sont tranquilles, paisibles, souriants.

Alors que moi je tue le temps en tapotant le clavier de mon ordinateur, pour eux faire passer le temps ne semble vraiment pas être une préoccupation.

Les bénéficiaires de notre Programme ont-ils vraiment besoin de notre modalité « projet » pour tendre vers une situation meilleure, pour « se développer » ?

Sans leur demander leur avis, on les oblige à rentrer dans notre logique « projet » et il n'est pas certain, loin de là, qu'ils la comprennent et qu'ils veuillent l'adopter.

Villageois ou paysan ?

En sortant de Brazzaville, la route qui nous emmène dans le Nord du pays monte légèrement en lacets et domine le fleuve Congo qui n'en finira jamais de charrier des petites îles flottantes d'herbes et d'arbustes entre lesquelles se faufilent de frêles pirogues.

On arrive alors sur des plateaux et pendant environ 300 km, notre route nationale goudronnée devient presque toute droite. En fait de goudron, actuellement il reste encore quelques plaques par ci par là, mais entre elles se sont creusés, pluies torrentielles et passages fréquents de poids lourds aidant, d'énormes trous souvent très profonds et pleins de boue dans lesquels notre « 4x4 » est bien obligé de plonger au risque de ne pouvoir en ressortir.

Parfois ces trous deviennent des obstacles infranchissables et une déviation improvisée sur les bas-côtés permet de les contourner. Pendant la saison des pluies, on a même le choix entre plusieurs déviations et les jeunes des villages voisins offrent alors leurs bons conseils, moyennant l'octroi d'une petite pièce de monnaie, pour indiquer aux chauffeurs le meilleur chemin ou plutôt le moins mauvais. Et ce dernier pour eux est celui où le véhicule a le plus de chance de s'embourber car dans ce cas, ils exigeront non plus la pièce mais des billets pour aider le chauffeur à s'en sortir !

De temps à autre, on rencontre un camion qui, trop chargé, est resté au fond de l'un de ces trous avec une lame de ressort cassée quand ce n'est pas le pont, et on devine à leur campement que le chauffeur et son aide sont là depuis plusieurs jours pour essayer de réparer eux-mêmes leur engin car ils ne peuvent guère compter sur l'aide d'une grue ou d'un garagiste proche.

Non seulement il n'y a pas de garagiste mais, à part un petit village en bord de route tous les vingt km environ, c'est désert.

Je fais part de mon étonnement à mon collègue congolais qui est au volant.

- Pourquoi n'y a-t-il personne par ici ? Ce n'est pas la place qui manque et ce n'est pas loin de la capitale.

- Il n'y a pas d'eau !

- Comment il n'y a pas d'eau ? Il doit en tomber de la pluie pour faire pousser à perte de vue ces verts pâturages et pour former cette boue dans laquelle on patauge comme des canards.

- Bien sûr il pleut et beaucoup, mais par périodes. Regarde les paillotes des villages, elles ont toutes des tonneaux sous le toit pour recueillir l'eau de pluie.

Son explication ne me suffit pas. Je n'arrive pas à comprendre que de si vastes étendues d'herbes puissent rester inexploitées. Herbes qui d'ailleurs n'arrêtent pas de pousser si bien que par endroit elles sont plus hautes que la voiture.

Il fait chaud, il pleut abondamment et en plus c'est tout plat. Que peut-on espérer de mieux pour faire de l'agriculture ou de l'élevage ?

J'insiste :

- Pourquoi n'y a-t-il pas de champs cultivés ou à défaut des moutons, des vaches, des zébus pour profiter de cette herbe qui ne demande qu'à être broutée ?

- Tu sais, nous ici, nous ne sommes pas vraiment des agriculteurs et encore moins des éleveurs.

Sa réponse qui me surprend, semble rédhibitoire. On en restera là pour le moment.

Au bout de cinq heures, la route descend un peu puis traverse un autre fleuve imposant que, dix ans auparavant, il fallait traverser en bac pour entrer dans la région de La Cuvette, une des deux provinces où le Programme intervient.

Autant sur les plateaux la végétation herbacée, parsemée d'arbres isolés et le relief peu vallonné offraient un panorama où les yeux pouvaient se perdre dans l'infini de l'immensité, autant dans cette basse plaine étouffante et humide, l'horizon est complètement bouché ; une haute forêt dense et empêtrée dont la base des troncs trempe souvent dans des marécages.

Cependant on en sort de temps en temps pour déboucher sur une grande clairière de savane où, selon les explications de mon compagnon, le sol est trop sableux pour que les arbres puissent s'y plaire, ou sur de grandes lagunes qui sont plutôt des marigots dans lesquels de l'eau jusqu'à la ceinture, des enfants pêchent. Et de ci de là, cette même forêt est « rangée » car les villageois pour y vivre ont nettoyé les sous-bois. Quel contraste avec le fouillis de la forêt vierge !

Des petites places toutes propres, des paillotes bien disposées en ligne avec des haies vives rectilignes, c'est impeccable. Seule la piste qui traverse le village est dégueulasse car ils y déposent leurs ordures, les roues des véhicules devant se charger de les enterrer petit à petit.

Et ces petits villages sont très vivants, très animés.

Des petits vieux étendus sur de sortes de transats en bois somnolent ou discutent – en langue locale ces sièges s'appellent : « parle, je t'écoute » - ; des adolescents, assis sur des caisses de bière jouent aux cartes, au poker m'a-t-on dit ; des plus jeunes, par terre, dans des petits trous creusés dans le sable jouent à l'*awele* ; des enfants qui courent de partout et nous saluent très contents en criant et, bien sûr des femmes, les seules personnes qui travaillent. Elles s'affairent pour préparer à manger à tout ce petit monde insouciant qui semble très heureux de son sort. Elles préparent le manioc ou pilent l'arachide.

Au bord de la route sur le seuil de chaque maison, il y a toujours un tonneau vertical ou une petite table en claie sur lesquels sont disposés divers produits. Si on s'arrête, des femmes ou des enfants de précipitent pour nous les vendre.

Il y a des végétaux : du manioc bien sûr, c'est la base de l'alimentation, de l'arachide, de la cola, des avocats, des petits piments rouges et jaunes, des ananas, des fruits exotiques dont je ne connais pas encore le nom, de l'igname, des asperges – nom donné à une sorte de liane qui effectivement à un goût approchant -, des feuilles de manioc, encore lui, pour préparer un plat qui ressemble à des épinards.

Et aussi des produits animaux : du poisson fumé, de grosses chenilles vivantes, des grillons, des chauves-souris, etc. Je n'en ai pas encore vu, mais mon chauffeur m'a dit qu'on trouve parfois des boas, des caïmans, des lézards et plein d'autres « petites » bêtes fortes appétissantes !

- Tous ces animaux sont pour nous de la viande fraîche sur pied ; on n'a pas besoin de frigo !

- Mais vos bestioles, c'est tout de même un peu spécial, il faut aimer !

-Tu verras, c'est très bon, tu vas t'habituer.

À l'époque, c'est-à dire il y a plus de vingt ans, je commence tout juste à comprendre pourquoi ils n'ont pas besoin d'être agriculteurs ou éleveurs. La nature est si fertile, si généreuse, si féconde qu'il suffit d'aller se servir : ils cueillent, ils chassent, ils pêchent. Non seulement cela semble suffisant, mais j'imagine que c'est plus facile.

Même le manioc, la principale et presque unique plante cultivée est une cueillette déguisée. Planté sur un billon dans un petit coin défriché de la forêt, ne faisant l'objet d'aucune intervention postérieure, les femmes iront déterrer et

« cueillir » les tubercules au gré des besoins de la famille. Ce n'est pas un champ dont la récolte faite en quelques jours doit être mise en réserve pour se nourrir jusqu'à la prochaine campagne, c'est un garde-manger naturel toujours plein... ou presque.

En ces temps modernes, les familles villageoises, comme tout le monde, ont besoin d'argent liquide et pour cela ils vendent ou plutôt ils bradent car il y en a beaucoup d'autres, les fruits de leur cueillette, le gibier, le poisson, etc. Les acheteurs sont d'une part les voyageurs qui comme nous, en profitent pour faire leur marché, bon marché – je comprends pourquoi mon compagnon de route avait mis dans le fond de la voiture des cageots et des sacs - et quelques commerçants qui avec leur petit camion ou leur pick-up, osent malgré l'état des pistes s'aventurer si loin de la capitale.

De ce point de vue-là, il faudrait remercier l'Administration coloniale qui, pour mieux contrôler ces populations et en particulier leur prélever l'impôt, les avait contraintes à se regrouper dans des villages le long des pistes de pénétration qu'elle ouvrait à grands frais. Cette mesure coercitive permet actuellement aux villageois de vivre de la nature non seulement pour leur autosubsistance, mais aussi pour s'intégrer au marché. Contrairement aux idées reçues, les populations villageoises ne sont pas enfermées dans une autarcie archaïque, primitive et stagnante, qualifiée d'anti-développement par les économistes modernes, mais elles sont déjà plus ou moins désenclavées. Tout en conservant leur mode de vie fondé sur la cueillette, elles contribuent à leur manière à l'essor de l'économie nationale

Les villageois ne seraient donc ni agriculteurs, ni éleveurs. C'est sans doute pour cette raison qu'ici, je n'ai jamais entendu prononcer le mot « paysan ». Et non seulement ils ne s'en cachent pas mais, à part quelques exceptions, ils ne semblent pas qu'ils aient envie de le devenir.

Lors d'une visite d'inspection, le Ministre de l'Agriculture, dans son discours final face à un public de techniciens agricoles et de villageois, explique qu'un bon ministre ne doit pas se contenter de gérer les affaires courantes, mais plutôt de lancer de grandes idées porteuses de changement et de développement. Il faut préciser que ce Ministre de l'Agriculture est professeur de philosophie !

« Le Nord du pays, dit-il solennellement, est presque désert avec seulement un à deux habitants au km2, les ressources naturelles y sont abondantes mais inexploitées. Pour mettre en valeur ces vastes régions, j'envisage de faire venir des agriculteurs et des éleveurs du Rwanda et du Burundi, petits pays qui comme vous le savez sont surpeuplés ».

Abasourdi, je ne peux m'empêcher d'interpeller à voix basse mon voisin.

- C'est complètement loufoque ce qu'il dit là !

- Non, au contraire c'est une idée géniale ! Ce sont de vrais paysans et ils peuvent très bien nous aider à mettre en valeur notre immense pays.

- Mais ne faudrait-il pas mieux donner la priorité aux Congolais, ceux qui s'entassent dans les villes et qui n'ont pas de travail ?

-Tu veux rire ! Après avoir connu la ville tu crois qu'ils vont aller retourner la terre ou garder des moutons dans ces régions lointaines et inhospitalières ! De toute façon, ils ne savent pas faire !

Par la suite je me suis fait confirmer que cette idée géniale et généreuse du Ministre philosophe faisait partie des projets du gouvernement actuel. Et si elle n'est pas encore appliquée, c'est entre autres parce que ces paysans étrangers ont des femmes trop prolifiques. Cela risquerait à terme de faire disparaître les ethnies nationales !

Mais revenons à notre première ligne d'action : le désenclavement.

Réhabiliter des pistes : facile à dire !

À la question posée : « Avez-vous besoin de pistes agricoles ? », les villageois n'ont pas dit « non », bien sûr ! Et selon le résultat des enquêtes et des diagnostics initiaux réalisés dans les deux zones d'intervention du Programme, c'est le problème numéro un.

Pour le Programme, il s'agit bien de pistes rurales ou agricoles, c'est-à-dire des voies qui traversent ou vont jusqu'aux villages, même ceux du fin fond de la brousse. Contrairement aux routes nationales ou préfectorales qui, en reliant des villes de l'intérieur avec la capitale, favorisent surtout le transport de personnes et donc contribuent à l'exode rural, ces pistes rurales doivent avoir pour but principal d'écouler la production locale vers les marchés urbains et réciproquement. Dans l'esprit des villageois, il est évident que la piste rurale réhabilitée sera aussi fort utile pour leurs déplacements, en particulier pour aller visiter les parents qui vivent en ville.

Précisons aussi que « réhabilitation » ne veut pas dire « goudronnage », mais seulement une remise en état et un affermissement des chemins et anciennes pistes pour qu'elles deviennent carrossables et qu'elles le restent le plus longtemps possible. Ce qui, vu le régime pluviométrique abondant et intense, est loin d'être évident et suppose la mise en place d'un système d'entretien efficace, sinon il faudra « re-réhabiliter » tous les ans ou presque.

Bref, sur la ligne d'action « réhabilitation des pistes rurales », il existe un consensus entre les décideurs du Programme et les villageois ce qui veut dire qu'elle est tout à fait pertinente. Tout va bien, les parties sont d'accord, il n'y a plus qu'à passer à l'action.

Du coté des décideurs, le Bailleur de fonds et l'Administration congolaise, cela ne traîne pas et rapidement tout est planifié dans les moindres détails, année par année : le nombre de kilomètres à réhabiliter dans chaque zone, le choix des pistes en donnant la priorité à celles qui donneront des retombées économiques rapides et significatives, les procédures à suivre pour lancer les appels d'offre et sélectionner les entrepreneurs, le rôle de experts Génie rural du Programme pour faire le suivi et le contrôle des travaux, le calendrier d'exécution, etc. Financièrement parlant, c'est de loin le plus gros volet du Programme et les décideurs ont pris les choses en main car, disent- ils : « On ne peut pas se permettre de faire n'importe quoi ! ».

Du coté des villageois bénéficiaires, ils devinent après avoir répondu aux enquêteurs qu'un nouveau projet va débarquer et attendent qu'on vienne réhabiliter leurs pistes comme ils l'avaient demandé. Ils ont déjà reçu tant de promesses, vu passer tant de projets qui n'ont pas laissé beaucoup de traces, qu'ils espèrent, sans trop y croire, que cette fois sera la bonne.

Et entre les deux il y a nous, les experts chargés de mettre en œuvre le Programme et, qui plus est, de manière participative, cela veut dire que les villageois bénéficiaires participent activement à ce que prévoit cette ligne d'action. N'est-ce pas un des principes fondamentaux de la méthodologie retenus pour que ce projet ne soit pas comme les autres ? Sous-entendu, pour qu'il soit meilleur !

Or pour cet axe d'intervention, les décideurs n'avaient pas vraiment intégré ce principe méthodologique de la participation des bénéficiaires ; concrètement tout a été prévu et décidé sans eux. La réhabilitation des pistes est une affaire bien trop compliquée et sérieuse – ne serait-ce que par le volume des montants qui lui sont affectés - pour que les villageois s'en mêlent. Les chantiers de réhabilitation doivent être confiés à des entrepreneurs expérimentés.

En fait c'est la question de la pérennité de ces actions de réhabilitation qui a permis aux experts du Programme de faire comprendre aux décideurs qu'ils ne pouvaient pas négliger totalement les bénéficiaires.

Qui va se charger de l'entretien des pistes, une fois réhabilitées ?

L'État ? Il n'arrive pas à entretenir les routes nationales ! J'ai toujours vu des travaux sur celle, longue de 500 km, qui relie la capitale à Owando ; pendant qu'un tronçon est remis à neuf, un autre se dégrade complètement.

Seuls les villageois bénéficiaires pourront le faire, mais pour cela il faut les former. Mais au préalable, il est indispensable que ces derniers se sentent concernés par cette intervention du Programme et pour cela il faut que, d'une manière ou d'une autre, ils y participent afin de se l'approprier. Sinon il sera difficile, voire impossible, de leur demander de travailler à l'entretien d'un ouvrage qu'ils risquent de percevoir comme étant propriété du Programme ou de l'État.

D'habitude les projets demandent aux bénéficiaires de « participer » en donnant leur force de travail en échange d'une rétribution en espèces, en aliments ou en outils. Mais pour notre projet pas comme les autres, les chantiers sont confiés à des entreprises spécialisées qui disposent d'engins et de leur propre main d'œuvre, et qui n'ont donc pas besoin de celle des bénéficiaires.

La « participation » retenue et, il faut bien le reconnaître, imposée, consiste à demander aux villageois bénéficiaires de contribuer financièrement au coût de réhabilitation de leur piste. Ainsi, avant d'ouvrir le chantier, chaque village concerné par la piste à réhabiliter, doit réunir et payer, au prorata du nombre d'habitants, une contribution qui selon l'ampleur du chantier varie entre 5 et 15 % du montant total du coût de réhabilitation. Ce qui pour nous les promoteurs et exécutants du Programme constitue une garantie que les villageois vont se sentir responsables de « leurs » pistes réhabilitées et de leur entretien. Mais ce qui pour les villageois représente une somme non négligeable.

Imaginez leur surprise ! Au lieu de venir les aider, ce nouveau projet a le culot de leur demander ce qui leur manque le plus... de l'argent ! Mais alors où vont les fonds qu'envoie pour eux la coopération internationale ?

Maintenus depuis des années dans une situation d'assistés par les projets antérieurs qui donnaient sans aucune contrepartie, il en aura fallu de la patience et de la persévérance pour faire comprendre cette condition préalable *sine qua non* à la réhabilitation de leur piste. Il en aura fallu du temps pour les convaincre de créer autour de chaque piste une organisation inter-villageoise pour collecter la contribution financière exigée. Par la suite, il était prévu que, grâce à un travail de formation et de suivi de la part des experts du Programme, ce serait par le biais de ces organisations inter-villageoises qu'il sera alors possible de mettre en place un système d'entretien des pistes réhabilitées.

Bien évidemment, l'application de cette modalité de « participation » fait prendre beaucoup de retard par rapport au chronogramme établi par les chefs du Programme. Le représentant du bailleur de fonds rouspète : « qu'est-ce que vous faites ? On n'avance pas, ça traîne ». Il me rappelle un principe fondamental du bailleur à savoir qu'un bon projet est celui qui dépense le maximum d'argent en un minimum de temps. Si c'est sur ce critère que je vais être évalué par mes supérieurs, il y aurait lieu de s'inquiéter ! Il n'a pas osé le dire, mais je m'attendais de lui à une autre réflexion du genre : « ce serait tellement plus simple s'il n'y avait pas de bénéficiaires ! ».

Heureusement pour nous, il est bien obligé de se calmer car, de son coté, comme de celui de l'Administration congolaise, la mise en œuvre de cet axe d'intervention n'avance pas plus vite. Ce n'est pas si facile de confier les chantiers à des entreprises spécialisées et compétentes.

Quels types d'entreprises faut-il privilégier ? À l'époque les options étaient les suivantes :

- Les offices publics : leurs coûts sont moindres mais ils n'exécutent pas les travaux avec la rigueur suffisante et en général une partie des fonds versés pour le chantier est détournée pour payer les fonctionnaires qui ont plusieurs mois de retard dans le versement de leurs salaires.

- Les opérateurs privés nationaux : ils sont peu nombreux, en général peu compétents et mal équipés.

- Les entreprises internationales de travaux publics : du fait de leur éloignement, le montant des marchés proposés n'est pas suffisamment aguichant pour elles, ne serait-ce que pour compenser les coûts de transport des matériels et équipements nécessaires au chantier.

Comment les choisir ?

Le Bailleur de fonds et les différents ministères concernés ont mis beaucoup de temps pour se mettre d'accord sur une procédure d'appel d'offre qui permette d'attribuer des marchés relativement « juteux » de la manière la plus sûre et transparente possible. Bien que très élaborée, celle-ci s'est vite avérée défaillante pour éviter certains dérapages du genre « pot-de-vin » ou « dessous de table », pratiques somme toute relativement courantes lors de ce type de négociation, mais qui avaient pris de telles proportions qu'il avait fallu faire intervenir un auditeur externe, supposé neutre et honnête.

À ce propos, mon prédécesseur a eu trois jours pour quitter le pays car il avait commis l'imprudence, lors d'un cocktail mondain, de mentionner les noms de quelques-unes des hautes personnalités, ministres compris, qui profitaient de ces « commissions ».

Qui va contrôler les chantiers ?

Les décideurs du Programme avaient bien prévu l'intervention sur le terrain d'experts en Génie rural, mais leurs compétences se sont avérées insuffisantes pour faire respecter les clauses des marchés passés avec les entrepreneurs – public, privés et internationaux - et contrôler l'exécution des travaux. Il a donc fallu rajouter un acteur de plus, à savoir un bureau spécialisé en travaux publics pour effectuer ces tâches.

Pour toutes ces raisons, il faut bien admettre que, concernant cette principale ligne d'action, notre Programme n'a pas été à la hauteur. Après quatre ans d'intervention, il est loin d'avoir atteint les résultats escomptés : 175 km ont été réhabilités dans les deux zones d'intervention alors que le Programme prévoyait d'en réhabiliter 400.

Avant de se lancer, tête baissée, dans cette action perçue par les décideurs du Programme comme tout à fait pertinente, il aurait été peut-être judicieux de connaître un peu plus en profondeur les vraies attentes des villageois concernant cet axe de redynamisation de leur milieu.

Leurs réponses à des questions du genre : pourquoi réhabiliter des pistes rurales ? Pour transporter quoi ? Auraient sans doute été fort utiles pour définir et exécuter un programme qui soit plus pertinent, c'est-à-dire plus en accord avec les attentes des bénéficiaires.

Réhabiliter des pistes : pour transporter quoi ?

Rappelons que la principale ligne d'action de notre Programme est « Le désenclavement des zones rurales choisies afin de favoriser l'écoulement des produits locaux grâce à la réhabilitation des pistes agricoles ».

De quels produits locaux s'agit-il ?

Le numéro un, et de loin, est le manioc car même en ville, consommé sous différentes formes, il est très prisé et constitue la base de l'alimentation. Production vivrière par excellence, ce sont les femmes qui traditionnellement s'en occupent, à part la phase initiale de défrichage des parcelles qui est du ressort des hommes.

À ce propos, lors d'une tournée sur le terrain, je demande à un villageois de bien vouloir me faire visiter ses parcelles. Nous partons tranquillement vers 9 h. du matin et après vingt minutes de « 4x4 » et un quart d'heure à pied dans une forêt très dense, nous débouchons sur une parcelle fraîchement déboisé où sa femme courbée en deux, fait des buttes pour y planter des boutures de manioc. Le soleil est déjà haut, il fait très chaud et la femme qui nous accueille avec un grand sourire a déjà plus de trois heures de dur labeur derrière elle. Elle est partie ce matin vers 5 h 30 quand il faisait encore nuit.

Nous passons la journée ensemble, il me fait découvrir ses différentes parcelles toutes destinées au manioc, il me fait goûter des fruits tous plus exotiques les uns que les autres et en fin d'après-midi on retrouve sa femme qui est en train de remplir sa hotte : des tubercules de manioc, des bûches, des fruits, des feuilles, etc. Cette hotte qu'elle porte sur son dos tous les jours ou presque pendant une à deux heures pour rentrer à la maison doit peser entre 30 et 40 kilos. À l'aller j'avais remarqué la présence de bancs originaux avec une barre transversale bien trop haute pour s'y asseoir. En fait cette barre sert à faire reposer les hottes et permettre aux femmes de se redresser et de se reposer un peu.

Au moment où sa femme s'apprête à charger la hotte sur son dos, je demande à mon guide :

- Tu vas laisser ta femme porter ce lourd fardeau ?

- Oui, c'est son boulot, c'est comme ça !

- Et si je te procure une brouette pour emmener tout ce qu'il y a dans la hotte, c'est toi qui la conduiras ?

- Non, mais ce sera mieux pour elle !

Et quand enfin, à la tombée de la nuit, elle arrive chez elle, ce n'est pas pour se reposer. Il faut encore qu'elle prépare le dîner pour la famille et qu'elle transforme le manioc qui sera vendu au commerçant-camionneur. Les femmes sont donc obligées de mettre les bouchées double : produire et transformer le manioc pour nourrir la famille mais aussi, grâce à la piste réhabilitée, pour vendre une partie de cette production vivrière afin d'obtenir des revenus monétaires supplémentaires qui font tant défaut.

Le Manioc (*Manihot esculenta*)

Le manioc est originaire d'Amérique du Sud (Yuca) et il a été introduit en Afrique centrale par les Portugais. En Afrique le manioc amer est plus cultivé que le manioc doux car son rendement est largement supérieur. Mais la partie comestible du manioc amer, à savoir le tubercule ou mieux, la racine tubéreuse contient de l'acide cyanhydrique qui rend indispensable une préparation avant de la consommer. Deux procédés sont mis en œuvre par les femmes pour éliminer ce poison : le rouissage qui consiste à immerger les tubercules dans une eau courante, ou le râpage, les tubercules étant épluchés puis râpés. Ensuite elles doivent laisser le résultat pendant plusieurs jours sécher au soleil. Ainsi préparés, les tubercules sont transformés en farine, le *foufou,* quant aux feuilles, elles sont servies comme des épinards, le *saka-saka.*

Le potentiel agricole de cette région que les décideurs du Programme prévoyaient de mettre en valeur par le biais de la réhabilitation des pistes, repose en fait sur l'énorme capacité de travail... des femmes ! Il ne faudrait tout de même pas que l'axe principal d'intervention du Programme favorise et en quelque sorte « officialise » l'exploitation des femmes par les hommes qui, par respect des coutumes, ne doivent pas s'occuper de cette production vivrière. Et, semble-t-il, ils ne cherchent pas du tout à changer les traditions !

Dans cette région, le volume d'autres produits qui profitent de la réhabilitation des pistes pour être vendus en ville, est très réduit par rapport à celui du manioc. Ils ne proviennent pas de l'agriculture, mais de la cueillette des ressources naturelles de la forêt : fruits, feuilles, gibier, poissons, chenilles, un alcool distillé à partir de la sève d'un arbre dont j'ai oublié le nom, par contre je me rappelle que pour collecter la sève il fallait abattre l'arbre, etc. Là aussi, il ne faudrait pas qu'à terme cet axe prioritaire du Programme contribue à renforcer une extraction « minière » débridée des ressources naturelles qui, par endroit, sont déjà bien « érodées » et dont certaines pourraient disparaître complètement.

Collecteur ou agriculteur ? Villageois ou paysan ? On en revient aux mêmes questions.

Selon la conception des décideurs du Programme, la redynamisation du milieu rural passe par l'accroissement et la diversification de la production agricole de rente afin d'intégrer le monde rural à l'économie nationale, voire internationale en cas de productions destinées à l'exportation comme la mangue par exemple.

Est-ce que le seul fait de réhabiliter des pistes agricoles, c'est-à-dire de désenclaver, est suffisant pour générer cet essor et cette diversification de la production agricole en favorisant le passage d'un mode de vie fondé sur la cueillette à celui qui repose sur l'agriculture-élevage ?

N'y a-t-il pas d'autres facteurs à prendre en compte ?

Et le villageois, l'acteur principal, qu'en pense-t-il ? À quelles attentes, à quels besoins voulait-il que réponde la réhabilitation de sa piste ? Pensait-il vraiment en la possibilité de pouvoir écouler les produits de sa cueillette ou de sa maigre production agricole ? N'avait-il pas d'autres motivations comme par exemple : se rapprocher de la ville, de la « modernité » ; resserrer les liens avec les membres citadins de la famille ; envoyer ses enfants faire des études en ville ; ou d'autres qu'il serait bon de connaître ?

Et à propos, est-ce qu'il tient suffisamment à sa belle piste réhabilitée pour la faire durer en assumant lui-même son entretien ?

Réhabiliter des pistes : pour combien de temps ?

Un jour, via secrétaires interposées, je suis convoqué par le Ministre du Travail, un des rares que je ne connais pas encore, car il n'a rien à voir avec notre Programme. J'en parle à mon Directeur administratif et financier qui, comme moi, ne voit pas d'autres raisons à cette convocation que celle de mettre son nez et de vérifier les conditions de travail des employés nationaux du Programme.

Je ne pense pas avoir enfreint les normes, mais personne n'est à l'abri de mauvaises surprises et je suis un peu inquiet quand je débarque dans mes petits souliers bien cirés et avec ma cravate dans le bureau cossu de ce Ministre. Après un accueil très courtois, il entre dans le vif du sujet :

- J'ai une propriété dans la Province de La Cuvette, mais jusqu'à maintenant je n'ai pas pu l'exploiter car elle n'a pas de voie d'accès. Je souhaiterais que votre Programme ouvre une nouvelle piste depuis le village le plus proche. Rassurez-vous, il ne doit pas y avoir plus de 10 km. et je suis tout à fait disposé à payer la contribution financière, les 5 ou 10 % que vous demandez.

Pour une surprise, c'est une surprise, mais contrairement à ce que je pensais, c'est moi qui suis en position de force.

- Je suis désolé mais les bénéficiaires prioritaires du Programme sont les villageois et nous avons déjà beaucoup de mal à répondre à toutes leurs demandes.

- Mais vous savez, en mettant en valeur cette propriété moi aussi je vais participer à la redynamisation de la Province.

- Nous pensons que c'est la population locale qui doit générer une dynamique vraie et durable et c'est donc elle qu'il faut appuyer en priorité.

Voyant qu'il n'arrivera pas à me convaincre, il change d'argument.

- J'ai l'intention de faire de l'élevage bovin et comme je sais que vous êtes un spécialiste de la question – comment l'a-t-il su ? Il aurait lu mon CV ! - on pourrait travailler ensemble.

Je ne sais plus ce que j'ai trouvé comme réponse pour marquer mon refus net et catégorique à cette proposition fallacieuse, sans faire de cet illustre personnage un ennemi.

Cependant en sortant de son bureau, j'ai la désagréable impression que quelque part, il y a un malentendu quant à notre fameuse « participation ». Est-ce que les villageois en ont la même interprétation que ce Ministre ? Est-ce qu'ils la considèrent aussi comme une sorte d'impôt direct ?

Pour nous la raison d'être de cette contribution financière est de demander un effort aux villageois, une sorte d'engagement pour qu'ils participent et se sentent impliqués dans cette action de réhabilitation, pour qu'ils s'approprient les pistes réhabilitées et en prennent soin.

Mais pour eux, les villageois, cette condition imposée par le Programme semble être perçue d'une autre manière.

Pourquoi leur demander de payer ?

Le montant de l'aide internationale n'est-il pas suffisant pour couvrir le coût total de la réhabilitation de leurs pistes ?

Pourquoi conditionner sa mise en œuvre à leurs apports qui, somme toute, sont très modestes ?

Considérée un peu comme une lubie du Programme, cette contribution financière n'a pas de sens pour eux et d'ailleurs ils n'ont pas mis longtemps pour trouver le moyen de la contourner. C'est obligatoire de payer cette contribution, mais rien n'est dit quant à l'origine des fonds. Et au lieu de mettre de leur poche, ce qui pour nous devait être l'expression concrète de leur « participation », ils arrivent à recueillir la générosité des nombreux candidats aux élections législatives qui leur rendent visite pour capter leur vote. Ils font de même avec les associations des ressortissants du village qui résident en ville. La condition *sine qua non* est remplie : ils paient la contribution exigée, le Programme peut donc ouvrir le chantier de réhabilitation, mais en quelque sorte, ce n'est plus leur affaire !

Notre préoccupation pour faire participer les villageois à cette première ligne d'action du Programme n'était-elle pas justifiée ? N'était-elle pas indispensable pour mettre en œuvre un projet différent des autres ? Un projet dont le protagoniste principal est le villageois bénéficiaire ?

Il faut reconnaître que nous nous sommes trompés : la modalité choisie, cette contribution financière, n'était pas la bonne ! Elle n'a pas permis d'atteindre le but recherché, à savoir intéresser et impliquer les villageois dans ces actions de réhabilitation de leur piste pour qu'ils se l'approprient et que par la suite, ils se mobilisent, seuls, pour l'entretenir afin de la « faire durer » le plus longtemps possible.

Dans les faits, malgré les efforts des experts sociologues pour sensibiliser les villageois à cette tâche indispensable de l'entretien des pistes réhabilitées, malgré les multiples sessions de formation des experts en génie rural pour bien expliquer en quoi consistent ces travaux d'entretien, malgré l'octroi d'outils – pelles, pioches, brouettes...- pour leur permettre d'intervenir dès la première petite dégradation de leur piste, les comités inter-villageois mis en place pour réunir la contribution financière n'ont pas évolué, comme on le souhaitait, vers une organisation permanente ayant pour but d'entretenir leur piste réhabilitée.

Il faut croire qu'ils ont de bonnes raisons :

D'une part la contribution financière exigée a, semble-t-il, eu l'effet inverse. Perçue comme un impôt direct, les villageois considéraient qu'ils avaient rempli leur devoir et que le Programme ou l'État avait l'obligation de réhabiliter leurs pistes, mais aussi de les entretenir.

D'autre part, dans une réalité où le temps n'est pas linéaire mais cyclique, où tout est appelé à renaître ou à recommencer, la notion de « faire durer », de prolonger artificiellement la vie de quelque chose ou de quelqu'un n'est pas innée. Elle va, semble-t-il, à l'encontre de leur perception du temps.

Toujours est-il qu'à l'heure actuelle, il est à peu près certain que les pistes réhabilitées par le Programme doivent de nouveau être réhabilitées. Gouvernement et villageois ont sûrement fait des démarches pour présenter un nouveau projet et capter une nouvelle aide internationale afin de « re-réhabiliter » les pistes.

Aurait-il fallu « oublier » les villageois pour éviter de perdre du temps avec cette « participation financière » symbolique qui, dans les faits, semble avoir eu l'effet contraire ?

À l'inverse, aurait-il fallu imaginer et mettre en œuvre d'autres formes d'intervention pour permettre aux villageois et aux artisans locaux de réhabiliter eux-mêmes leurs pistes ?

Mais dans ce cas, la durée du Programme aurait dû être multipliée par 4 ou 5, car avec leur seule main d'œuvre les travaux de réhabilitation auraient demandé beaucoup plus de temps. N'oublions pas que pour les bailleurs, un bon projet est celui qui dépense le maximum d'argent en un minimum de temps. « Le temps, c'est de l'argent ! ». Où a-t-on vu un projet qui peut durer 10 ou 15 ans ?

En fait, on a demandé aux villageois bénéficiaires de participer à « notre » projet, de rentrer dans « notre » démarche de développement, d'adopter « notre » perception du temps et, pourquoi ne pas le dire, « notre » vision du monde.

On aura beau imaginer et proposer des modalités et des méthodologies participatives de plus en plus sophistiquées, si on ne peut pas ou on ne veut pas comprendre qu'ils « fonctionnent » de manière différente, toutes nos interventions d'aide de type « projet ou programme » sont plus ou moins vouées à l'échec. Cela fait cinquante ans qu'on leur parachute nos « projets » dits de développement sans se poser la vraie question.

Si réellement nous voulons qu'ils deviennent les protagonistes de leur propre développement, ne serait-ce pas plutôt à nous de « participer » à ce qu'ils souhaitent devenir, de s'adapter à leurs modalités pour atteindre un changement, de les accompagner dans une démarche qui leur est propre ?

Mais pour cela, il faut au préalable laisser au vestiaire notre modalité « projet », notre vision linéaire du temps, pour être en situation de pouvoir comprendre comment ils « fonctionnent ».

Nous reviendrons plus tard sur cette question, mais auparavant voyons si le Programme a obtenu plus de succès avec sa deuxième ligne d'action.

CHAPITRE 3

L'AMÉLIORATION DU CADRE DE VIE

Y' a pas de problème !

Il est plus de midi – tant mieux, le temps passe ! - et je commence à avoir faim. Après avoir préparé succinctement et rapidement un plat de nouilles, je descends chercher mon gardien pour l'inviter à partager le repas. Il ne m'a pas attendu et des gamelles qu'il avait apportées ce matin, il déguste les épinards de feuilles de manioc, le fameux *saka-saka* que lui a préparé sa femme.

- Viens manger chez moi, on en profitera pour continuer à discuter
- Non Chef, je garde et je dois rester ici.

Son refus catégorique me surprend, j'insiste en lui proposant au moins de venir prendre une *Primus*, la bière locale dont les Congolais sont si fiers, mais en vain. Je n'arrive pas à ébranler sa conscience professionnelle. Il travaille, lui, et il ne s'autorise pas à prendre quelques minutes de repos même si c'est dimanche et même si c'est son chef qui le lui demande.

Pourtant une petite demi-heure de coupure, de diversion, ce n'est pas grand-chose et logiquement, ce serait bon à prendre pour faire passer le temps plus vite, pour agrémenter les douze heures qu'il doit passer ici à garder. Il faut croire que sa logique à lui est autre. Comme il se rend compte que je suis très déçu, il cherche à me rassurer :

- Y' a pas de problème, Chef !

Décidément, ce Louis, il n'a pas fini de me surprendre.

Je pensais qu'il ne faisait rien : être assis dans un fauteuil en osier et faire de temps à autre un petit tour pour se dégourdir les jambes ne sont pas des activités très intenses et « occupantes ». Je m'inquiétais pour lui. J'avais peur qu'il s'embête, qu'il trouve le temps long.

Et bien non ! D'après ce que je viens de comprendre, pour lui, il n'est pas sans rien faire, il travaille ! Mais le moins qu'on puisse dire, c'est qu'il le fait calmement, tranquillement, posément, sans se préoccuper du temps. J'ai même l'impression qu'il vit pleinement le moment présent, minute par minute, sans regarder sa montre – en a-t-il besoin ? -, sans se demander si ça passe vite ou non. C'est vraiment tout le contraire de moi !

D'où vient cette différence ?

Ne faudrait-il pas chercher du côté de notre représentation du temps qui fonde l'idée de progrès ? Du coté de notre logique « projet » qui incite, pour ne pas dire oblige, à nous projeter vers l'avenir. De « notre » temps qui s'écoule inexorablement et sans retour et qui nous contraint à le remplir en vivant intensément le présent, surmené, pressé et angoissé, pour tendre vers une situation meilleure, là-bas, devant nous.

Mon gardien ne semble pas du tout embringué dans cette logique « projet », dans cette vision linéaire du temps, dans cette perpétuelle fuite en avant. Et il le prouve ! Même s'il travaille, il n'a pas besoin de s'occuper, de s'agiter, de s'étourdir pour tuer le temps.

Mais alors comment fonctionne-t-il ?

Peut-être que pour lui le temps ne passe pas !

Peut-être que cette ligne droite qui vient du passé, traverse le présent et court vers le futur, ce n'est pas son problème. Peut-être que l'origine des temps et la fin du monde, ce n'est pas son credo.

Mais alors si le temps ne passe pas que peut-il bien faire ? Les heures, les jours, les mois, les années, les siècles qui se succèdent, existent bien pour lui comme pour moi. Comment peut-on imaginer que le temps ne passerait pas ?

Avant nos almanachs qui ont eu l'idée de mettre un numéro chronologique à chaque année qui passe, il y avait et il y a toujours le soleil qui se lève et qui se couche, la lune qui croît et décroît, les plantes qui naissent, grandissent et laissent leurs semences avant de mourir, le rythme des périodes de pluies et des saisons sèches, le cycle de l'homme qui naît et qui meurt, etc. D'ailleurs dans les sociétés traditionnelles que les registres civils, colporteurs de « civilisation », n'ont pas encore atteintes, les gens ne savent pas leur âge. Par contre, ils peuvent vous dire s'ils sont nés pendant la saison des semailles, ou celle de la récolte du maïs, ou au début de la période des pluies, ou pendant le carnaval, etc. C'est sans doute pour eux plus important qu'un chiffre !

Ne faudrait-il pas admettre que, pour mon gardien et tant d'autres, le temps passe, mais il ne s'échappe pas à tout jamais le long de cette ligne, il revient ! Tout serait donc rythmé par des cycles à périodicité variable. Peut-être que pour eux, il ne s'agit pas de fuir en avant, d'avancer le long de cette ligne droite, de passer d'une situation à une autre, supposée meilleure, sans retour possible, mais d'accepter et de vivre la situation qui est la leur, ici et maintenant, en essayant de l'améliorer, c'est-à-dire de vivre plus et mieux à chaque passage du temps, à chaque cycle. Ils ne seraient pas angoissés, désespérés, pressés comme nous, car ils savent que s'ils ratent un passage du temps, ils pourront toujours prendre le suivant. En outre, au lieu d'effacer comme nous les traces de notre situation antérieure pour ne pas avoir la tentation de regarder en arrière, eux ils maintiennent le lien avec leur passé.

Et pour améliorer leur cadre de vie, notre deuxième ligne d'action, les villageois ont-ils vraiment attendu le Programme, comme un sauveur qui allait enfin leur proposer les solutions miracles pour résoudre tous leurs problèmes de santé, d'éducation, d'adduction d'eau potable... ?

Restons modestes ! Avant les programmes, le nôtre et les antérieurs, ils ont su « se débrouiller » tout seuls pour apporter petit à petit des améliorations à leur cadre de vie, mais selon leur rythme – à chaque passage du temps ! - et en accord avec leurs traditions et leurs croyances.

Constructions en « dur » qui durent ?

Aux abords de tous les villages que nous traversons, il y a toujours un cimetière bien entretenu dans une paisible clairière. Rien à dire, c'est normal dans un pays qui compte « officiellement » une majorité de chrétiens, mais ce qui choque c'est le luxe outrancier, la richesse tapageuse des tombes. Si j'osais, je dirais même qu'elles sont scandaleuses : certaines sont recouvertes de dalles de marbre poli dans lequel sont taillées des lettres dorées. Même les plus sobres ont droit à du ciment et du carrelage, matériaux de construction qui brillent par leur absence dans les paillotes, les écoles et les modestes dispensaires que les villageois ont construit eux-mêmes.

- Quel gâchis ! Ici les tombes sont plus confortables que les maisons.

Mon compagnon de route me répond dignement :

- Morts, ils ont droit à ce qu'ils n'ont pas eu vivants.

Face à cette réponse profonde mais tellement évidente pour lui, je n'ose pas insister. J'ai cependant du mal à comprendre que les familles dépensent des fortunes pour construire des logements en dur pour leurs morts alors qu'ils vivent chichement dans des paillotes de fortune.

Mais aujourd'hui, sur la piste préfectorale qui nous emmène à Boundji, c'est autre chose qui titille ma curiosité. Cette piste est dans un tel état qu'on a tout le temps d'admirer le paysage et j'ai pu observer que parfois, entre deux villages, en pleine brousse, il y a des petits cimetières plus ou moins bien entretenus ; de belles tombes en « dur » comme celles qu'on voit aux abords des villages, sont là, perdues en pleine forêt, loin de toute vie humaine. Je propose mon interprétation à mon compagnon :

- Ces tombes isolées dans la forêt servent-elles de bornes pour marquer les limites du territoire du clan ou du village ? Ou de poste de contrôle pour surveiller les entrées et les sorties ?

- Mais non, tu n'y es pas ! Avant, il y avait un village, mais depuis villageois et village se sont déplacés ailleurs et il ne reste plus que les tombes.

Sa réponse me rappelle ce que m'avait expliqué ce villageois lors de la visite de ses parcelles. Pendant la longue saison sèche – de juin à octobre - les hommes ouvrent dans la forêt des parcelles ; ils débroussaillent avec leur « coupe-coupe », ils brûlent la végétation jonchée sur le sol après l'avoir laissée sécher. Le feu ardent fait mourir les grands arbres qui ont résisté à la machette sans pour autant les faire tomber, mais entre ces troncs noircis et tristes, il y a alors assez de place pour que les femmes viennent retourner la terre et fassent des buttes pour y planter des boutures de manioc.

Il m'expliquait aussi que ces parcelles durement préparées ne durent pas. Elles seront utilisées juste le temps d'une campagne de manioc, c'est-à-dire trois à cinq ans, parfois plus, puis de nouveau elles seront abandonnées retrouveront doucement leur état naturel, la brousse. Chaque année, pendant deux ou trois mois, l'homme doit « ouvrir » de nouvelles parcelles un peu plus loin dans la forêt car les vieilles ne produisent plus ou plus assez.

Conclusion : les parcelles ne durent pas !

Les paillotes non plus ne durent pas. Le villageois construit sa maison pour un temps. Quand les feuilles du toit laisseront passer quelques gouttières, que les murs de pisé seront rongés à la base par les fortes pluies, il ne va pas la réparer pour la faire durer. Il va construire à côté, un peu plus loin, une nouvelle paillote et sa vieille demeure qui sera alors envahie par les herbes et récupérée par la végétation, disparaîtra pour redevenir brousse.

Même les villages ne durent pas ! Souvent certains villages portent le même nom, suivi d'un chiffre 1, 2 et parfois 3 qui bien sûr n'a rien avoir avec des numéros d'arrondissements. Pour diverses raisons telles que : laisser se reposer la forêt, éviter l'érosion d'un terrain en pente, se rapprocher de la piste pour vendre plus facilement, etc., le village lui-même meurt petit à petit pour naître ailleurs. Les uns après les autres, quand leurs paillotes respectives seront « mûres » pour être remplacées, chaque famille ira construire sa nouvelle maison, là où il a été décidé d'installer le nouveau village qui portera le même nom avec le chiffre 2 ou parfois 3, s'il y a des retardataires.

Il faut bien se rendre à l'évidence : à part ces tombes luxueuses en « dur », rien ne dure, tout est perpétuel recommencement. Périodiquement, il faut tout recommencer à zéro : l'ouverture des parcelles, la construction des paillotes, l'installation des villages. Tout ce qui est « vie sur terre » est un peu à l'image du temps, du temps cyclique de mon gardien. La « vie au-delà » après la mort, le monde des ancêtres dont les signes visibles sont ces tombes, semble être la seule chose qui dure. Et les porte-paroles, les représentants sur terre de ce monde des ancêtres sont les chefs traditionnels, les *mwene*, les *nganga*, etc. Dans un monde où tout n'est que perpétuel recommencement, l'histoire du village ne doit pas mourir avec ceux qui l'ont vécue, elle dure en étant transmise de bouche à oreille, de mémoire en mémoire, aux enfants et petits-enfants. Sinon que deviendrait le clan ? Quel lien commun unirait les membres du clan sans le respect des anciens qui sont les intermédiaires entre le monde des ancêtres et le monde actuel ?

Mais alors pourquoi les villageois demandent-ils au Programme des constructions en dur ? Des écoles, des dispensaires, des adductions d'eau..., avec des matériaux « nobles » : briques stabilisées, ciment, bois de charpente, tôles ondulées, etc.

Pourquoi sont-ils capables, autour d'une construction en « dur », de se mobiliser, de s'organiser pour réunir une contribution financière et pour travailler ferme des jours et des mois ?

S'ils continuent à déplacer leur village que va devenir leur école en « dur » ?

Comme les tombes, elle va se retrouver toute seule, perdue dans la brousse car à l'époque, il était impossible d'imaginer qu'un village puisse rester figé sur place seulement pour accompagner une nouvelle construction en « dur ».

Au fait, notre préoccupation, nos efforts pour organiser des systèmes d'entretien pour que les pistes réhabilitées et les ouvrages construits durent longtemps, le plus longtemps possible entrent-ils vraiment en phase avec ce que pensent et veulent les villageois ?

N'y a-t-il pas là un hiatus entre notre temps linéaire, nos projections vers le futur, nos « projets » et le temps cyclique des villageois pour qui, périodiquement, tout meurt et renaît ?

Comment interpréter les demandes villageoises ?

Lors des diagnostics initiaux réalisés dans une quarantaine de villages, parmi les problèmes prioritaires à résoudre la santé, l'éducation et l'aménagement des sources arrivent juste après la réhabilitation des pistes. Ce n'est donc pas une invention ou une décision arbitraire du Programme, c'est bien ce que demandent les bénéficiaires. Mais alors où est la logique si eux-mêmes savent très bien que ce qui est en « dur » ne va pas durer ?

Pour justifier cette demande villageoise qui paraît irrationnelle, nous nous sommes, nous les experts du Programme et certains collègues des ministères de tutelle, contentés des explications suivantes :

- C'est une question de prestige ; le village demande une école ou un dispensaire en « dur » pour faire la pige aux villages voisins, pour paraître plus évolué, plus moderne, plus développé.

- Dans la région, on parlera avec admiration de l'école de tel village ou de la maternité de tel autre et on citera en exemple les villageois qui ont été capables de construire ces beaux ouvrages modernes qui durent.

- La preuve : c'est relativement facile de demander aux villageois de réunir une contribution financière quand il s'agit d'entreprendre une construction en « dur » pour leur village. Par contre dans le cas de la réhabilitation de pistes qui est un ouvrage commun à plusieurs villages, les contributions « inter-villageoises » ont été beaucoup plus difficiles à obtenir.

- Et certains villageois nous ont dit qu'avec une belle construction en « dur », ils garderont un bon souvenir du Programme !

J'ai eu l'occasion d'accompagner « mes » experts à des assemblées de village dont le thème principale était la construction de l'école. Voici un exemple de ce type d'assemblée.

À la tombée de la nuit, avec un collègue congolais, nous arrivons dans un village qui regroupe une centaine de familles. En accord avec les chefs locaux, une assemblée avait été programmée pour parler de l'école.

À notre arrivée devant le local communal, il n'y avait guère que trois ou quatre personnes dont le Chef du village et quelques gamins qui, par curiosité, se sont approchés de la voiture.

Mon collègue ne cache pas son mécontentement au Chef du village :

- Une fois de plus, il n'y a personne : vous voulez travailler avec le Programme oui ou non ?

- Chef, ne vous fâchez pas, j'ai prévenu tout le monde, ils vont venir.

- Cette fois je suis avec le grand Chef du Programme qui est venu de la capitale pour vous voir ; ils ont intérêt à venir !

- En attendant qu'ils arrivent, on pourrait aller visiter l'école avant qu'il ne fasse trop nuit, propose le Chef du village.

Avant de prendre le chemin de l'école, ce dernier ordonne à un gamin d'appeler tout le monde en tambourinant avec un gros gourdin une vieille roue de camion suspendue à une branche de l'arbre qui est devant le local communal.

On s'enfonce à la queue leu leu dans les hautes herbes de la savane par des petits chemins étroits et sinueux et après dix minutes de marche on arrive sur une grande place avec au centre la fameuse école. Une construction sommaire qui est déjà un peu en « dur » car la base des murs est en briques compactées et le toit est recouvert de tôles ondulées mais la moitié a été arrachée par le vent. C'est vrai qu'elle n'est pas en bon état, mais elle pourrait sans problème être restaurée.

Entre-temps les villageois sont arrivés dans le local communal et l'assemblée peut commencer.

Personne n'intervient à part un Monsieur élégamment vêtu et parlant parfaitement le français qui au lieu de demander de l'aide pour restaurer l'école qu'on venait de visiter, sollicite au Programme la construction d'une nouvelle école. Mon collègue qui joue le rôle de directeur du débat, se fait traduire pour inviter les parents d'élèves à donner leur avis - en effet, il parle un patois qui n'est pas celui des gens de la région où il travaille ! - Personne ne prend la parole. Nous avons vite compris que la demande d'une nouvelle école en « dur » et que cette assemblée avaient été montées de toute pièce par ce Monsieur distingué et en plus fonctionnaire de la Direction Régionale de l'Éducation qui, pour le prestige de son village d'origine et le sien, voulait que le Programme laisse un bon souvenir. Bien évidemment, dans le cas présent, la demande n'a pas été plus loin.

Mais pour les autres, celles qui ont été construites, combien de temps les villageois garderont ce bon souvenir ?

Je pense que ces explications, fondées sur cette idée de prestige et d'émulation de la part des villageois, ont un fond de vérité, mais sont insuffisantes.

Il n'y a pas de raison que la demande villageoise soit fausse. En effet, il n'est pas nécessaire de faire des enquêtes approfondies ou de longues études sociologiques pour se rendre compte que ces villages ont des besoins énormes en éducation et en santé.

Là où, semble-t-il, il y a un malentendu, c'est au niveau des réponses à apporter à ces problèmes de santé et d'éducation.

Du côté du Programme, améliorer le cadre de vie, une des lignes d'action décidées en haut lieu, veut dire faire passer, faire adopter par ces populations les bonnes recettes, les solutions supposées universelles qui ont fait leurs preuves dans les pays développés. *Grosso modo*, celles-ci passent en premier lieu par la construction de bâtiments dignes de ce nom et par l'intervention d'un personnel enseignant ou médical compétent, rémunéré par l'État. Pour le Programme, il s'agit alors de peaufiner la méthodologie pour faire comprendre l'intérêt de ces solutions modernes aux populations bénéficiaires et, si possible – n'oublions pas qu'il s'agit d'un projet différent ! - pour les faire participer à ces solutions car ce serait une garantie pour pérenniser l'intervention.

Du côté des villageois, un nouveau programme qui débarque chez eux c'est un peu comme une manne dont il faut essayer de profiter au maximum. Ce Programme est malheureusement plus exigeant que les antérieurs il demande une contribution financière, mais qu'importe : ce n'est pas grand-chose face à ce qu'il va apporter. En revanche, comme les autres, il paraît intéressé pour faire des constructions, alors demandons-lui ce qu'il propose…, c'est plus sûr ! Il ne viendrait à l'idée de personne d'aller demander des légumes à la boulangère ! Quand les villageois vont dans la forêt, c'est pour cueillir ou prendre ce qu'elle offre. Et quand un programme arrive chez eux, il vaut mieux lui demander ce qu'il a l'intention et l'envie de faire !

Un petit village, proche de la capitale du District, avait comme les autres demandé son école. En assemblée générale, l'expert du Programme a dû faire comprendre aux villageois qu'il n'y a pas assez d'élèves pour envisager la construction d'une école en « dur ». Ils demandent alors un dispensaire ; même refus de l'expert car le village est proche de la capitale où se trouve un hôpital. Les villageois insistent et demandent en dernier recours l'aménagement d'une source, mais ils ont encore droit à une réponse négative car un autre programme, cette fois de la coopération japonaise, a prévu de leur faire un forage. Ne sachant plus quoi demander qui « fasse plaisir » au Programme, et l'expert n'ayant pas su susciter les besoins réels de ce village…, il ne recevra pas la manne !

En définitive, de notre côté, nous sommes-nous posés les vraies questions ?

Et eux, les villageois, n'ont-ils pas biaisé leurs demandes pour être sûrs de recevoir quelque chose du Programme ?

Et ces vraies questions, quelles sont-elles ?

École ou enseignement ?

Une fois, lors d'une tournée, on arrive un peu tard à Boundji, il fait nuit mais, miracle, il y a du courant et les larges rues ensablées sont bien éclairées. Le collègue qui m'accueille m'explique la raison de cette percée inespérée de la modernité dans ce bled de brousse :

- Un ex-Ministre est ici depuis deux jours pour la campagne électorale et il a payé 600 litres de pétrole pour faire fonctionner le groupe électrogène.

- Il faudrait qu'il vienne plus souvent !

- Oui et non car il sait que tu allais venir et il veut te voir demain matin et en plus, le soir nous sommes tous invités à une réception chez lui.

Cet ex-Ministre, originaire d'un petit village voisin, a fait construire une belle et grande demeure qui, comparée aux paillotes avoisinantes, a l'allure d'un petit palais. Devant, sur la terrasse ombragée, il n'y a pas assez de chaises pour toutes les personnes qui, visiblement, attendent leur tour pour avoir une audience auprès de cet illustre « enfant du pays ». Moi aussi, je m'apprête à attendre, mais tout de suite un membre du protocole, très élégant, avec cravate et tout ce qu'il faut, m'invite à passer à l'intérieur. Pour moi, ici, c'est la brousse et bien sûr je n'avais pas la tenue adéquate pour être à la hauteur de ce solennel protocole.

Malgré cela, l'ex-Ministre me reçoit courtoisement dans un grand salon climatisé – il dispose bien sûr de son propre groupe électrogène - avec plusieurs niveaux où sont répartis en rond autour de tables basses des fauteuils en cuir, avec au centre un bar bien pourvu, trois énormes téléviseurs avec leurs magnétoscopes et accrochées aux murs de gigantesques peintures d'un goût douteux. Et ce n'est que le salon ! Je n'ai pas eu droit à la visite des appartements et multiples dépendances.

En m'offrant du whisky et des amuse-gueules locaux, bien qu'il ne soit que dix heures du matin, il me demande ce que « notre » Programme a prévu de faire dans « son » district, car il postule pour être de nouveau élu député. Au passage, mine de rien, il me signale qu'un pont a été mal réhabilité par le Programme, que les villageois se plaignent et qu'il faudrait le réparer d'urgence car il est plus dangereux qu'avant. J'avais appris par mes collègues qui travaillent dans la région que ce Monsieur possède un gros élevage de bovins auquel on accède justement par ce pont. J'ai eu très envie de lui dire qu'il avait largement les moyens d'aménager ce pont pour que ses bétaillères puissent passer sans risque, mais je me suis diplomatiquement abstenu.

Puis il m'annonce son programme électoral :

- Pour ma part, je vais faire réhabiliter le port, l'entrepôt et l'ancienne piste qui le relie au centre de la ville, afin de faire venir par barges depuis la capitale des produits alimentaires et matériaux de construction qui d'ailleurs pourraient être utiles pour vos écoles et autres chantiers.

- C'est une bonne idée de redynamiser le transport fluvial car il contribuera aussi au désenclavement de la province.

Est-ce seulement une promesse démagogique pour se faire élire ? A-t-il réellement l'intention de contribuer avec son argent au développement de « son » district ? Chacun peut donner la réponse qu'il veut. Cela ne nous a pas empêché, avant de nous quitter, de trinquer pour le succès de nos « programmes » respectifs qui très certainement mettront ce district sur le chemin du progrès et du développement.

Depuis cette rencontre, j'ai eu l'occasion de passer dans le petit village dont est natif cet illustre personnage politique qui, en outre, est milliardaire du fait de ses fonctions de Ministre des Finances pendant la période faste de la manne pétrolière.

C'est vraiment un petit village comme les autres et j'ai du mal à imaginer comment un gamin tel que je les vois actuellement, insouciants, turbulents, joyeux, parfaitement intégrés à cette vie de brousse, a pu devenir ce Monsieur important, imposant, riche et instruit qui plus est, ex-ministre et député, que je viens de rencontrer. L'école de ce village est encore une paillote et il devait en être de même lorsque ce futur ministre, il y a une cinquantaine d'années, s'asseyait sur ses bancs.

Lors de la colonisation et surtout depuis l'indépendance, pendant la longue phase du régime « tout État », l'école primaire en paillote ou en dur – est-ce vraiment l'aspect le plus important ? - répondait à la préoccupation du moment : favoriser l'émergence de cadres et de fonctionnaires afin de gérer le nouvel État-Nation. Il y avait à l'époque une certaine pertinence entre ces objectifs nationaux et ceux des familles villageoises qui pouvaient espérer qu'un de leurs enfants – un garçon bien sûr ! - deviendrait un jour fonctionnaire et que son salaire complèterait de manière significative les modestes revenus monétaires familiaux. Motivés, tous les villages, avec ou sans aide extérieure, ont donc construit eux-mêmes leur école.

Il est assez remarquable de constater que, contrairement à ce qui se passe généralement, la démocratisation de l'enseignement a été telle que ce gamin d'un petit bled perdu de la brousse, et il n'est pas le seul, ait pu devenir ministre.

Le système éducatif, copié sur celui du pays colonisateur, tant au niveau des contenus que des méthodes pédagogiques, avait pour but de sortir les enfants de leur milieu social et culturel, perçu comme traditionnel, arriéré, statique, sans avenir..., pour les immerger dans la culture du progrès, du développement, celle des villes des pays modernes du Nord. Et comme il se doit, ce système a provoqué et accéléré l'exode rural car l'adolescent « formé et civilisé » n'avait plus sa place dans la brousse. Il devait vivre en ville ou à l'étranger.

Face à la demande villageoise pour améliorer l'éducation, le Programme ne s'est pas posé de questions. Il a continué sur cette même lancée en se contentant de construire des écoles en « dur », là où c'était des paillotes, comme si la condition préalable à toute éducation digne de ce nom, était de mettre les enfants dans une infrastructure moderne avec des matériaux nobles pour, en quelque sorte, les préparer à vivre dans un autre monde.

N'aurait-il pas fallu prendre le problème de l'éducation dans son ensemble ?

Bousculés par notre programmation, stressés par les délais pour atteindre nos objectifs, nous n'avons pas pris le temps de discuter avec les villageois, et en particulier avec les anciens, pour essayer de trouver des éléments de réponse aux problèmes de l'éducation tel qu'ils se posent actuellement :

Quels sont aujourd'hui les besoins en formation des enfants des villageois ?

À quoi ces jeunes du milieu rural devraient-ils être préparés ?

Quels contenus faudrait-il dispenser ? Comment ? Par qui ?

Dans quels types d'infrastructures ? Etc.

Faute de débats, d'écoute, de compréhension d'un monde différent, l'école primaire et le collège qui, grâce au Programme, sont maintenant en « dur » – quel progrès ! -

continuent à préparer des fonctionnaires, à produire de futurs migrants.

Or le contexte national n'est plus le même. Le pays ne sait que faire de ses fonctionnaires ; il en a beaucoup trop, d'ailleurs il ne peut plus les payer. Les Instances financières internationales font pression sur le Gouvernement actuel pour qu'il « dégraisse » sa fonction publique pléthorique.

Dans un pays déjà fortement urbanisé, l'école doit-elle continuer à faire émerger, à faire sortir de la brousse des jeunes pour qu'ils deviennent des citadins chômeurs ?

Et au fait, pour redynamiser le milieu rural, ne faudrait-il pas au contraire essayer d'enrayer l'exode rural des jeunes ?

Nous sommes passés à côté de la plaque.

N'aurait-on pas dû aider les villageois à instaurer une éducation qui prépare les jeunes à contribuer au développement local en restant sur place ?

Mais pour cela, il aurait fallu prendre le temps de les écouter.

L'obsession pour répondre à la lettre aux demandes des villageois, pour leur laisser – et laisser au Bailleur de fonds du Programme - un bon « souvenir » et la pression pour tenir les délais ne nous ont pas permis de prendre du recul pour repenser l'éducation dans son ensemble.

Cela aurait été cependant bien nécessaire pour sortir du cadre restreint de l'éducation formelle, avec ses infrastructures en « dur », ses instituteurs venus de la ville, ses contenus « modernes » et supposés universels ; pour réfléchir avec les villageois sur une éducation différente qui, adaptée aux contextes local et régional, réponde mieux aux besoins d'un développement rural « depuis la base » ; pour se mettre un peu plus à l'écoute des anciens, des chefs traditionnels, de ceux qui sont porteurs de la mémoire et de l'histoire du village et qui de ce fait ont une connaissance profonde de la réalité que le

Programme se proposait d'aider à « se développer ». Il faut reconnaître que trop rapidement, nous les avons écartés pour dialoguer avec les jeunes, les « chefs modernes » qui, imbus de civilisation occidentale, nous donnaient un écho tropicalisé de ce que nous voulions entendre et faire. Et à vrai dire, c'était bien plus facile !

En quatre ans, le Programme aura construit ou réhabilité – en dur ! – seize écoles primaires et quatre collèges. Mais soyons honnêtes : en quoi ces belles constructions modernes vont-elles contribuer à la redynamisation du milieu rural ?

Maigre compensation : ces chantiers étaient fort utiles pour montrer quelque chose de concret, de tangible aux nombreuses inspections des Ministères de tutelle et du Bailleur de fonds : leur Programme avance, il travaille, il atteint les résultats escomptés... même s'il fait un peu n'importe quoi, les apparences sont sauves !

Est-ce que les réponses apportées par le Programme aux demandes villageoises de santé ont eu plus de succès ?

Dans un monde où la mort naturelle n'existe pas...

Comme toujours quand j'arrive à Boundji, je vais saluer le Sous-préfet. C'est une visite qui a non seulement un caractère protocolaire, mais que j'aime bien car ce dernier, très proche de ses administrés, possède souvent des informations intéressantes pour nous qui travaillons dans les villages de sa juridiction.

Ce jour-là, la visite est brève. Il ne me fait même pas passer dans son petit bureau qui est déjà rempli de villageois et dehors, sous l'auvent, il me dit à voix basse :

- Merci d'être venu me voir, mais revenez demain car il y a eu un meurtre dans un village voisin et je suis très occupé par cette affaire.

De retour chez ma collègue sociologue qui connaît bien le village en question, je lui demande de me raconter l'affaire.

Lors de l'enterrement d'Ernest, un villageois qui n'a pas survécu à une crise de paludisme, me dit-elle, les quatre jeunes qui portaient le cercueil en direction de sa dernière demeure - celle qui est en dur et qui dure ! - ont eu soudain un comportement bizarre. Ils semblaient avancer comme des automates conduits par une force invisible. Ils ont laissé le chemin du cimetière et se sont mis à déambuler de ci de là dans la rue principale puis dans des petits chemins aux alentours du village. Malgré la lourde charge, ils marchaient d'un pas léger, parfois même ils dansaient, et au bout d'une heure de cette promenade insolite, ils se sont arrêtés, pile, sur le seuil d'une paillote un peu à l'écart du village et le cercueil est tombé au pied d'un vieil homme qui a la réputation d'être un sorcier.

Le cortège, c'est-à-dire tout le village plus les parents et amis qui sont venus d'ailleurs pour accompagner Ernest vers sa dernière demeure, restèrent silencieux, mais tous avaient bien compris le message. Avant d'entrer dans sa tombe, le mort a voulu signaler clairement le coupable, celui qui l'avait « mangé », c'est-à dire tué afin de s'approprier sa force vitale pour accroître la sienne.

Après cet incident, les jeunes porteurs atteints subitement d'une intense fatigue, ne pouvaient plus soulever le cercueil et il a fallu les remplacer par d'autres qui, après ce détour, ont repris le chemin du cimetière et l'enterrement a enfin eu lieu.

Dans la nuit, deux des enfants d'Ernest, âgés de 16 et 14 ans, sont partis venger leur père qui leur avait facilité la tâche en désignant lui-même l'assassin. Ce dernier, le sorcier qui avait bien compris qu'il risquait d'avoir des ennuis, s'est échappé dans la forêt. La poursuite a duré toute la nuit, une nuit de pleine lune, et au petit matin les deux jeunes trouvèrent le vieux sorcier épuisé et l'achevèrent à coups de gourdin.

Pantois, je ne peux m'empêcher de m'exclamer :
- C'est complètement dingue cette histoire !
- Mais non, ici c'est tout à fait courant, me rétorque mon collègue français qui réside depuis longtemps dans ce pays.

Après cet intermède, notre sociologue continue son récit.

Parmi les villageois que tu as vus chez le Sous-préfet, il y avait la famille d'Ernest qui aurait été tué par le sorcier et celle du sorcier qui lui a été tué par les enfants d'Ernest. Tout le monde sait très bien qu'objectivement Ernest est mort d'une crise aiguë de paludisme, mais personne ne l'admet comme tel. Pour les villageois, la mort naturelle par maladie ou vieillesse n'existe pas. Si quelqu'un meurt, c'est forcément parce qu'il a été tué ou « mangé » par un autre, en général un sorcier. Ici c'est comme ça, ou c´était comme cela il y a une vingtaine d'années.

D'ailleurs tu as dû constater toi-même qu'à la Sous-préfecture, il n'y avait aucune animosité ni agressivité entre les deux familles. Elles étaient là sans doute parce que quelqu'un – qui ? Personne ne sait – avait déposé plainte pour meurtre et que, pour feindre de respecter les lois de l'État « civilisé », le Sous-préfet les avaient convoquées pour rendre la justice. En fait, après avoir déclamé de belles recommandations qui resteront lettres mortes, il va renvoyer les deux familles chez elles et recevoir du manioc, des cabris et surtout du vin de palme pour lequel il a un faible particulier, comme rémunération pour avoir su « régler » l'affaire sans heurts ni complications.

Plus tard j'aurai l'occasion de me rendre compte que ce n'est pas seulement une croyance de villageois incultes et paumés dans leur brousse. La conviction qu'il n'y a pas de mort naturelle semble assez généralisée et ce, indépendamment du niveau d'instruction.

Un jour, un Expert national, un ingénieur qui a profité de bourses pour faire plus de huit ans d'études supérieures en Europe, me demande une permission de quinze jours pour des raisons personnelles. Bien entendu, avant de prendre une décision je cherche à savoir de quoi il s'agit.

- Je viens de perdre un enfant nouveau-né, il est mort du palu, me dit-il.

- C'est bien triste, reçois mes condoléances. Mais, excuse-moi, as-tu vraiment besoin de quinze jours pour l'enterrer ?

- Non, nous l'avons déjà enterré ; j'ai besoin de cette permission pour chercher le sorcier qui l'a « mangé ».

- Ne viens-tu pas de me dire qu'il est mort d'une crise de paludisme ?

Il attend sans rien dire, sans me répondre. Je suppose qu'il ne veut pas me donner plus d'explications, car il sait que je ne pourrais pas comprendre. Au bout de quelques minutes qui me paraissent interminables, je lui accorde sa permission en lui demandant de bien vouloir l'écourter de huit jours. Quand, à son retour, je lui demande s'il avait déniché le sorcier et qu'est-ce qu'il lui avait fait – j'avais un peu peur qu'il l'ait tué ! – je n'ai droit qu'à des réponses évasives. Il doit penser que ces choses-là ne me regardent pas et que de toute façon je ne peux pas comprendre car je suis d'un autre monde.

Cette histoire me travaille et lors d'un séjour en France, je rends visite à un ami anthropologue qui a étudié des civilisations africaines. Il m'explique des choses bien savantes dont voici l'essentiel ou du moins ce que j'en ai compris.

La mort naturelle est sans avenir, elle ne laisse aucune trace ce qui est plutôt triste et désespérant pour les vivants.

Les religions monothéistes ont inventé et adopté comme dogme la séparation du corps qui redevient poussière et de l'âme qui est appelée à survivre éternellement… au paradis. Ouf ! Cela remonte le moral – à moins qu'on aille en enfer ! –

et en plus cela renforce la morale. Au fait, cette croyance n'aurait-elle pas quelque chose à voir avec notre représentation du temps et notre concept et obsession du « projet » ? Ne passe-t-on pas notre temps, notre vie à vouloir atteindre une situation autre, supposée meilleure qui est là-bas au bout de la ligne droite ? Ne faut-il pas « gagner » notre paradis ?

Pour les religions animistes, toutes choses, depuis l'eau, la terre, le marigot, le tonnerre, etc., en passant par les arbres et les animaux de la forêt, sont comme les personnes : des êtres vivants personnifiés. Contrairement à la vision occidentale, l'être personnifié est considéré comme un tout et il ne résulte pas de la combinaison d'un corps et d'une âme. Et par conséquent quand cet être personnifié qui n'a pas d'âme, meurt naturellement, c'est le tout qui meurt, il ne reste rien, c'est le vide.

Par contre s'il est « tué ou mangé », ce qui revient au même, cela signifie qu'il existe pour quelqu'un et que ce quelqu'un s'est intéressé à lui jusqu'au bout. Et il s'établit entre le « tué » et le « tueur » une relation de réciprocité qui engage les deux parties au-delà de la mort. Le « tué » doit continuer à vivre en renaissant sous une autre forme, sous le couvert d'un autre être personnifié. Quant au « tueur », pour pouvoir maintenir une relation avec une « forme » d'être personnifié qui n'est plus humaine, il est obligé de s'adapter et de devenir de plus en plus sorcier en s'appropriant la force vitale de ses victimes. En somme, il faut être tué pour continuer à vivre, pour revivre.

Qui plus est, ce nouvel être ne s'en va pas là-haut, loin, dans le ciel, mais il reste au village où il a encore son mot à dire.

Je me souviens que lors de la réhabilitation d'un bout de piste, il était nécessaire de modifier le tracé qui devait alors « mordre » un peu sur le marigot, un espace sacré pour les villageois. Il aura fallu attendre plus de trois mois pour qu'ils aient le temps de consulter le monde des ancêtres ; ils voulaient être sûrs que les êtres personnifiés qui les accompagnent ici-bas ne s'opposeraient pas à cette intrusion dans leur territoire. Heureusement pour nous, les ancêtres ont donné leur accord. Sinon il aurait fallu renoncer à ce nouveau tracé.

En fin de compte, sans doute que mon collègue voulait seulement obtenir du sorcier la confirmation que son enfant avait bien été tué pour être rassuré quant à son avenir.

Peut-être que les deux jeunes gens qui ont tué le sorcier étaient encore bien jeunes pour comprendre que ce dernier n'avait pas fait autre chose que son boulot !

Il faut être tué pour revivre… pour recommencer à zéro !

Décidemment, ce perpétuel recommencement et ce temps cyclique sont omniprésents.

Et mon gardien ? Lui qui sait si bien ne rien faire et qui ne s'en porte pas plus mal, bien au contraire ; lui qui n'est pas désespéré pour réaliser un projet ou pour gagner son paradis, peut-être qu'il vit pleinement ce passage du temps, sa vie ici et maintenant, car il sait qu'au prochain passage, après sa mort, tout va recommencer.

Mais revenons à nos problèmes de santé.

… quel système de santé ?

Combien de fois j'ai été choqué par le fait que, faute de médicaments, les villageois laissaient mourir des êtres chers ? Combien d'enfants de Boundji ou des villages avoisinants sont-ils morts de paludisme faute d'Halfan ou d'autres médicaments qu'on trouve facilement dans toutes les pharmacies ?

Quand nous demandons aux villageois pourquoi ils ne font rien ou si peu pour essayer de sauver ces vies humaines, ils répondent toujours :

- Il n'y a pas de médicaments et, de toute façon, je n'ai pas l'argent pour les acheter.

Il est vrai qu'en ce qui concerne les services publics de santé, les villages sont très nettement oubliés. Parfois on trouve bien une infirmerie en paillote et un infirmier rémunéré par l'État, mais rien de plus ; matériels, équipements et surtout médicaments brillent par leur absence.

Mais tout de même c'est un peu paradoxal : pour les enterrements l'argent coule à flot et même les familles les plus pauvres s'ingénient pour en trouver beaucoup, vraiment beaucoup, alors que pour maintenir en vie il ne leur est pas possible de trouver quelques billets de Francs CFA pour acheter des médicaments !

Comme la maladie et la mort sont perçues comme une volonté de nuire, peut-être qu'ils considèrent que les traitements possibles seront forcément vains tant que le sorcier, à savoir le « commanditaire » du mal, et son mobile ne seront pas démasqués.

J'ai quand même des difficultés à l'admettre, mais il faut se rendre à l'évidence : maintenir en vie, c'est-à-dire faire durer, aurait moins d'importance ou de valeur que tout recommencer. En effet l'enterrement ne marque pas une fin mais un commencement, c'est un départ, une nouvelle vie qui commence sous une autre forme. Il y aurait même, semble-t-il, une sorte de surenchère : plus l'enterrement sera riche et solennel, plus le défunt sera pourvu et plus il aura de chance de passer une bonne nouvelle vie.

Mais alors, au milieu de tout cela, que faire au niveau de la santé ?

Comme pour les écoles, le Programme ne s'est pas posé de questions. Il a répondu à la demande villageoise, celle qui émanait des résultats des enquêtes préalables, en construisant en « dur » quelques dispensaires et maternités.

En effet, pour les villageois, l'aide que pouvait leur procurer le Programme dans le domaine de la santé ne saurait pas être autre chose que l'application de la médecine moderne occidentale.

Et bien évidement, le premier pas pour tendre vers ce système de santé « moderne » consiste en la construction en « dur » avec des matériaux nobles de dispensaires et de maternités. Et après, il sera toujours temps de voir comment les équiper et comment affecter et payer le personnel médical qui sera chargé de les faire fonctionner pour améliorer la santé des populations villageoises bénéficiaires.

Cependant, ces populations ne nous ont pas attendus pour atteindre un équilibre, un état de santé général tant pour eux-mêmes que pour leur environnement.

N'aurait-on pas dû partir de leur « système de santé » afin de contribuer, avec eux, à l'améliorer, voire même à l'enrichir avec des apports de la médecine scientifique ? Mais pour cela, il aurait fallu faire l'effort de le découvrir et d'essayer de le comprendre.

Il est vrai que le fondement de notre système de santé consiste à sauver et à prolonger le plus possible l'existence des êtres humains, de l'individu en soi.

Est-ce qu'il est vraiment partagé par les villageois ? Tout contribue à penser que non : pour eux, les êtres humains ne constituent qu'un des membres de leur monde au côté des ancêtres et des autres êtres personnifiés et par conséquent leur système de santé ne se contente pas de soigner et prolonger la vie des seuls êtres humains, mais de maintenir un équilibre au sein duquel tous les êtres personnifiés doivent pouvoir atteindre une situation de bien-être. Et dans ce monde, l'être humain n'est peut-être pas le plus important. Le luxe des cimetières donne un peu l'impression que réussir sa deuxième vie – après la mort – serait sans doute plus important que de faire durer la première.

En conclusion il est certain que le fondement de leur système de santé est tout à fait différent du nôtre.

Une fois encore, notre Programme, pris par le temps et l'obligation de réaliser du concret, du « dur », du visible dans les délais fixés, n'a pas fait l'effort d'essayer de se pencher sur ce préalable indispensable : découvrir et comprendre le système de santé des villageois.

C'était effectivement bien plus facile et surtout bien plus rapide d'adopter l'hypothèse que les villageois n'ont pas de système de santé afin de pouvoir remplir un vide en y mettant le nôtre.

Cette ligne d'action était-elle vraiment nécessaire ?

En quatre ans, dans ses deux zones d'intervention, le Programme aura effectué la construction ou la réhabilitation – en « dur » - des infrastructures suivantes :

- 4 centres de santé équipés mais sans personnel pour les faire fonctionner car les démarches auprès du Ministère de la Santé pour affecter du personnel n'avaient pas abouti à la fin du Programme.
- 40 sources aménagées,
- 20 établissements scolaires : 16 écoles primaires et 4 collèges d'enseignement général.

C'est à la fois peu si on le compare au nombre total des quelques 250 villages qui existent dans nos zones d'intervention, et beaucoup si on se rappelle l'approche choisie au moment de lancer le Programme.

En effet, au départ, les constructions d'infrastructures sociales ne devaient être qu'un moyen pour « entrer en matière ». Il s'agissait de réaliser quelques actions tests afin d'entrer en confiance avec la population, de rendre crédible le Programme, de tester la méthodologie, d'évaluer le degré de mobilisation des villageois, etc. Or, pour diverses raisons, ces réalisations sont devenues l'activité principale, voire même exclusive, des experts de terrain. Au point que par la suite, il a été reproché au Programme de n'avoir effectué qu'un saupoudrage d'actions juxtaposées et ponctuelles qui ne pouvaient guère réussir à enclencher une dynamique locale et régionale de développement.

Et c'est tout à fait exact ! Ce n'est pas autour de quelques infrastructures sociales que le programme aurait pu promouvoir la redynamisation de ce milieu rural d'autant que, comme nous l'avons vu antérieurement, ces constructions nouvelles ne répondaient pas ou que très partiellement aux besoins d'éducation et de santé des villageois.

Deux raisons principales ont amené les experts à donner malgré eux tant d'importance à ces infrastructures sociales. D'une part, elles constituaient une des lignes d'action retenues par les « décideurs » du Programme et, surtout, parachutés sur le terrain les experts ne pouvaient guère faire autre chose. Sans pistes réhabilitées – ou réhabilitées avec beaucoup de retard – il était trop tôt pour s'intéresser à la production agricole et aux activités économiques dont l'obstacle principal, leur enclavement, n'était pas résolu.

La troisième ligne d'action du Programme « Appui aux opérateurs économiques » - tout à fait justifiée alors que la seconde « Amélioration du cadre de vie » ne l'était pas – n'a été mise en œuvre que bien plus tard, à la fin de la troisième année.

Les priorités n'ont pas été respectées. Après le désenclavement, qui est un préalable à toute redynamisation, auraient dû venir ensuite les appuis aux villageois pour augmenter, améliorer, diversifier la production et aux opérateurs économiques pour la transformer, la transporter et l'écouler. Disposant de revenus monétaires supérieurs, les villageois auraient eu alors la possibilité de choisir et de financer – sans être influencés par une intervention extérieure ! – les actions qu'ils auraient choisies comme judicieuses et bénéfiques pour améliorer leur cadre de vie. Ont-ils eu besoin d'aide extérieure pour mettre en place des écoles au moment où celles-ci offraient un avenir prometteur à leurs enfants qui allaient devenir fonctionnaires ?

En définitive, pour respecter les objectifs et les délais du Programme – il faut faire quelque chose, dépenser l'argent et cela dans un minimum de temps ! -, les experts de terrain ont dû « s'occuper » en privilégiant la ligne d'action « Amélioration du cadre de vie » qui logiquement devait arriver en dernière position ou à la limite n'aurait pas dû être retenue comme ligne d'action du Programme.

C'est encore une fois le cadre « projet » et ses règles qui nous obligent à faire pour faire – et pas toujours ce qu'il faudrait -, qui nous met la pression, qui nous plonge dans l'agitation, la frénésie, le stress… Tout cela crée une situation peu favorable pour accompagner, à leur rythme – et ce n'est pas le même que le nôtre ! - un processus de changement voulu et décidé par les villageois.

Et la bête noire du cadre « projet » est le Devis-Programme.

Tous les six mois, nous, les exécutants du Programme devons élaborer et présenter ce document qui prévoit les actions et donc les dépenses à réaliser au cours de la période à venir, sur la base de ce qui a été réalisé et dépensé pendant les six mois antérieurs.

C'est seulement après de multiples révisions très minutieuses de la part du Maître d'Ouvrage et de l'Ordonnateur que le Bailleur acceptera de débloquer la tranche suivante. Et chaque fois je me fais rappeler à l'ordre car on ne dépense pas suffisamment et pas assez vite !

Il est certain que les activités fondamentales de découverte et compréhension du milieu, d'approfondissement du diagnostic, d'animation, de mobilisation, d'organisation des villageois, etc., sont beaucoup moins coûteuses que celles liées à la construction d'infrastructures.

Qui plus est, ces activités d'accompagnement indispensables à nos yeux pour que les villageois puissent devenir un jour protagonistes de leur propre développement sont considérées par tous nos patrons, non pas comme des réalisations mais comme du « fonctionnement » car les frais qu'elles engagent ne concernent que des déplacements, des litres d'essence, des réparations de voitures, etc. qui ne peuvent pas entrer dans la rubrique « investissements ».

Du coup le calcul du ratio entre les coûts des réalisations – investissements - et les frais de fonctionnement leur donne un argument choc pour démontrer que les résultats atteints sont tout à fait insuffisants, que le Programme n'avance pas et gaspille beaucoup trop d'argent en fonctionnement.

Nos efforts pour essayer de faire comprendre à nos patrons que « faire du béton », à savoir construire le plus d'infrastructures possible – même si elles offrent l'avantage de pouvoir y fixer une plaque commémorative en leur honneur –, n'est pas exactement le chemin qu'il faudrait suivre pour tendre vers cette fameuse redynamisation et pour répondre aux attentes des bénéficiaires, sont restés vains.

Cependant tout n'a pas été négatif et en creusant bien on peut mentionner quelques petits succès de cette ligne d'action :

- la consolidation de l'organisation sociale villageoise, car ces actions supposaient la mobilisation et la participation, non seulement financière, de toutes les familles,

- la redynamisation d'un petit secteur de l'économie locale, à savoir les groupes d'artisans de proximité, ces maçons, charpentiers, peintres, etc., qui ont pu reprendre du métier grâce aux chantiers du Programme,

- l'amorce d'un changement de mentalité : fort d'une organisation plus solide, les villageois ne se contentent plus de subir sans rien dire tout ce qui vient de l'extérieur, ils savent maintenant faire prévaloir leur point de vue. N'est-ce pas un premier jalon dans la voie qui, de bénéficiaires passifs et assistés, devrait leur permettre de devenir un jour les « protagonistes actifs de leur propre développement » ?

Un autre point positif original du Programme mérite d'être signalé : les villageois ont accepté de contribuer financièrement à la mise en œuvre de services publics : l'éducation, la santé, l'adduction d'eau potable. En quelque sorte, ils ont payé un « impôt direct » au lieu d'attendre comme avant, de recevoir sans rien faire la manne de l'État.

Et s'ils ont été capables d'apporter des contributions financières pour des projets collectifs il est probable qu'ils feront de même et plus facilement pour des activités économiques qui par définition doivent être rentables. C'est l'objet de la troisième ligne d'action du programme.

CHAPITRE 4

L'APPUI AUX OPÉRATEURS ÉCONOMIQUES

Carpe diem

Après une petite sieste que je n'ai pas réussi à faire durer plus d'une heure et avant de me remettre à tapoter mon ordinateur pour tuer le temps, je jette un coup d'œil par la fenêtre. Mon gardien vient de terminer pour la énième fois le tour de la propriété et il s'apprête à se réinstaller dans son fauteuil en osier. Pour atteindre 19 h, heure à laquelle un autre gardien viendra le remplacer, il a encore cinq bonnes heures à tirer, mais il est toujours aussi calme et posé.

Si son temps à lui ne passe pas une fois pour toutes, s'il revient, si c'est un perpétuel recommencement, il n'est peut-être pas obligé, comme nous, de le remplir, de l'utiliser au maximum et vite.

C'est sans doute pour cela que mon gardien et tous les villageois que je connais donnent l'impression qu'ils ont le temps, qu'ils sont toujours disponibles – « Vous, vous avez la montre, nous nous avons le temps », disent-ils en se moquant -. Ils ne semblent pas du tout stressés par la préoccupation de remplir leur temps, ils savent très bien ne rien faire, ils prennent le temps, la vie, du bon côté.

Et ce carpe diem se manifeste non pas dans la recherche de plaisirs individuels plus ou moins raffinés, mais dans le fait d'être ensemble, de cultiver des relations. Il y a toujours du temps et du bon temps pour les discussions, les palabres, le chant, la danse, le port d'habits élégants et originaux – le phénomène congolais de la « SAPE » (Société des Ambianceurs et Personnes Elégantes)-, la boisson, les repas, les manifestations culturelles, les rencontres sportives…

« Le pauvre n'est pas celui qui n'a pas d'habits, mais celui qui n'a pas d'amis », dit le proverbe africain… et ce n'est pas par hasard !

Même le siège traditionnel, cette sorte de chaise longue faite de deux planches de bois entrecroisées, s'appelle en langue vernaculaire : « parle, je t'écoute ».

C'est sans doute pour cela que, depuis notre agitation frénétique, on a l'impression qu'ils sont un peu – beaucoup – flemmards ! Et c'est plus facile pour nous que d'essayer de comprendre un monde où le temps serait à la fois passé, présent et futur confondus.

Le monde *quechua* des Andes a le même mot « Ñawpa » pour dire, d'une part « le temps passé, l'antiquité » et d'autre part « le premier, ce qui est devant ».

Nous, ce que nous avons devant les yeux, c'est cette ligne droite qui fuit en avant à perte de vue, c'est le futur, c'est l'inconnu. Dans les projets qu'on se donne – on ne sait pas fonctionner autrement – il y a toujours une part de doute. En se fixant des objectifs, on fait l'hypothèse qu'ils sont judicieux et surtout qu'on pourra les atteindre – pour les habitués du Cadre Logique, c'est la dernière colonne de la matrice -. En fait, on avance… mais à tâtons et pas toujours dans la bonne direction.

Eux, les paysans andins et bien d'autres, ce qu'ils ont devant eux, c'est le passé, le futur serait donc derrière, dans leur dos ! Leur passé qu'ils connaissent bien leur permet, semble-t-il de se situer, de changer, de s'adapter, d'être « mieux ». Alors que pour nous, le passé, il y a belle lurette qu'on l'a laissé aux mains des archéologues ou des historiens et qu'on l'a enfermé dans des musées !

Comment peut fonctionner une société qui possède une telle vision du temps ?

Et ce serait un peu simpliste de dire que c'est pour cette raison qu'ils sont pauvres, miséreux, arriérés, primitifs, ignorants, traditionnels… et j'en passe !

Ce serait trop facile de dire que c'est cette attente, cet immobilisme et cette remise en cause de nos fuites en avant, de nos projets, de nos projections, de nos progressions – on n'arrête pas le progrès ! – qui les ont maintenus dans cette situation que nous qualifions de sous-développée ou plus tard « en voie de développement » et aujourd'hui « en développement ».

Avant les conquêtes et autres colonisations, il existait des civilisations florissantes qui n'auraient pas grand-chose à envier à notre « civilisation » moderne qui s'épuise, qui devient inhumaine de tant courir après le temps – et le temps c'est de l'argent – au point qu'il a fallu lui mettre plusieurs vitesses.

Qui plus est, notre temps linéaire, cette fuite en avant vers le futur, nous donne mauvaise conscience, nous transmet un sentiment de culpabilité. Comme le temps passe à tout jamais, il faut le remplir le mieux et le plus intensément possible comme si à la fin de notre temps on allait nous demander des comptes. Qu'as-tu fait de ton temps ? Et gare si tu l'as perdu !

La modalité pratique que nous avons inventée pour bien utiliser ce temps linéaire, n'est-elle pas le projet ? On se donne des objectifs pour avancer le long de cette ligne droite imaginaire et on « fonce » pour les atteindre en mettant en œuvre plein d'activités, en travaillant, en s'agitant, en se donnant l'impression qu'on fait quelque chose et qu'on remplit bien notre temps. Souvent – et c'est le cas de notre Programme – on ne prend même pas le temps de s'arrêter pour faire le point, pour éventuellement réajuster nos objectifs, pour évaluer ce qui a été fait, etc. Et on continue le nez sur le guidon sans se préoccuper de savoir où on va, mais… on y va !

Avec leur temps cyclique, leur perpétuel recommencement, leur passé qui les guident, mon gardien et les villageois qui sont les « bénéficiaires » de notre Programme, n'ont aucune raison de « fonctionner » selon notre modalité « projet ».

Avant d'essayer de comprendre comment ils fonctionnent sans être contraints de faire comme nous des projets, moi j'en ai un heureusement… revenons-y !

Jamais seul, ni désemparé

- Morts, ils ont droit à ce qu'ils n'ont pas eu vivants.

Ces tombes luxueuses alors que les vivants se contentent de paillotes rudimentaires dépassent mon entendement. J'attaque de nouveau mon collègue congolais :

- Cela doit coûter une fortune pour la famille.

- Bien sûr, et encore tu ne vois que la tombe. La famille doit dépenser beaucoup plus pour les obsèques qui durent plusieurs jours parfois une semaine, et auxquelles accourent des tas de gens.

Effectivement, deux jours avant, nous avions croisé une marée humaine qui occupait toute la largeur de la route au point que notre chauffeur avait dû se mettre dans le fossé pour la laisser passer. Deux gros camions bondés transportaient de hautes pyramides de jeunes qui hurlaient et agitaient des drapeaux, tout autour et loin derrière courait une foule impressionnante qui criait, chantait, dansait ou… pleurait. On n'aurait pas été en rase campagne, j'aurais pu croire qu'il s'agissait d'une manifestation syndicale ou politique, ou une parade de supporters de foot après une victoire, mais ce n'était qu'un enterrement. Et toute cette foule venait de passer plusieurs jours au sein – et aux frais ! – de la famille en deuil.

D'ailleurs pour la vingtaine d'employés nationaux du Programme, il ne s'est pas passé de mois où, en tant que chef, j'ai dû accorder une ou deux permissions d'absence pour cause d'enterrement d'un oncle, d'un neveu, d'un cousin ou d'un membre de leur famille respective. Et ces absences pouvaient durer de une à deux semaines car soit il devait se rendre à l'autre bout du pays, soit il fallait laisser le temps a tous les proches du défunt d'arriver.

- Mais d'où vient tant d'argent ?
- Pour accompagner les morts dans leur dernière demeure, il y a toujours de l'argent, me répond calmement mon collègue.

Contrairement à la cigale de la fable, ici la famille ne risque pas d'être « dépourvue quand la bise fut venue ». Il n'y a pas d'hiver dans son pays où la nature prodigue ses richesses douze mois sur douze. Mais pour elle, le « quand la bise fut venue » semble être le décès d'un de ses membres. Et en l'occurrence, ce coup dur est imprévisible et subit.

Pas de greniers, pas de silos, pas de réserves, aucun stock disponible de produits qui pourrait être vendu pour se procurer des liquidités. Pas de moutons, pas de vaches, pas d'animaux d'élevage qui, comme cela se passe dans bien des sociétés paysannes, servent d'épargne facilement monnayable. Comment fait-elle donc la famille d'ici pour se procurer tant d'argent d'un seul coup pour affronter ces coups durs ?

Le lendemain, j'ai l'occasion de découvrir une bribe de ce mystère.

L'Agroéconomiste expatriée et son homologue m'invitent à les accompagner dans un petit village où a été programmée une assemblée. L'ordre du jour consiste à présenter une activité de la 3e ligne d'action du Programme, à savoir la promotion et installation d'un Fond d'Investissement Villageois -FIV-, destiné à financer les petits projets « économiques » que pourrait mettre en œuvre le village.

Comme ma compatriote sait qu'il existe déjà au sein du village des groupes, des associations, des coopératives, etc., qui gèrent des fonds communs, elle demande, en français, aux responsables de ces groupements de bien vouloir se présenter. Son collègue congolais qui n'est pas de la région traduit en *lingala*, puis un jeune villageois traduit en langue vernaculaire locale.

C'est long ! Non seulement parce qu'il faut passer par cette double traduction, mais surtout parce que dans ce petit village qui doit regrouper une centaine de familles, il y a 6 associations culturelles, 3 groupes de femmes, 2 groupes de jeunes et 2 coopératives. Et chacun d'eux dispose et gère un fonds propre.

Que ce soit pour danser, chanter, pour monter un petit orchestre, pour cultiver leur folklore, que ce soit pour transformer ensemble le manioc, que ce soit pour tailler des planches, faire de la menuiserie, que ce soit pour se retrouver autour d'un jeu de cartes ou d'un match de football, tous ces groupements sont avant tout des tontines.

Les adhérents cotisent mensuellement ou plus ou moins régulièrement afin de constituer un capital dont une partie est utilisée pour financer les activités du groupe ; l'autre partie constitue une réserve disponible, parfois déposée sur un compte bancaire, qui sera donnée à tour de rôle à chacun des membres ou à celui qui, pour une raison soudaine et imprévue, a besoin d'une grosse somme d'argent. Et neuf fois sur dix, cette raison soudaine et imprévue est un enterrement !

Pour le Programme, la mise en place de FIV aurait été grandement simplifiée s'il n'y avait qu'un seul groupement qui rassemble l'ensemble des villageois, mais il y en a plus d'une douzaine. Pour compliquer encore plus la situation, généralement, chaque famille cotise à plusieurs tontines. Et en plus certains « groupes-tontines » ont exactement la même vocation : le pouvoir sélectif du montant de la cotisation sépare les plus riches des moins nantis. Il faut croire que plus la cotisation est élevée, plus le magot sera important, plus somptueuses seront les funérailles et plus grande sera la satisfaction de la famille qui aura donné un bon départ pour sa nouvelle vie à l'être cher décédé.

Toujours est-il qu'au village, personne n'est seul, ni désemparé.

Ce système de tontines pour se procurer de l'argent en cas de coups durs semble s'inspirer et compléter les liens de solidarité qui existent à l'intérieur des familles qui, dans ce pays, sont très élargies car il s'agit plutôt de lignage.

Face à l'adversité, face aux aléas, chacun sait qu'il peut compter sur les siens. Sa sécurité sociale, sa logique de prévoyance, sa parade contre les coups durs que peut lui réserver l'avenir, ce n'est pas l'accumulation individuelle de biens matériels, ce n'est pas son livret de caisse d'épargne, c'est l'appartenance à un lignage, car il sait que ce dernier ne le laissera jamais tomber. D'ailleurs si un jeune, en particulier celui qui revient au pays après avoir fait des études à l'étranger, a des velléités de sortir du clan pour « réussir » tout seul sa vie, il sera vite rappelé à l'ordre par les chefs du clan qui n'hésiteront pas à faire appel aux sorciers pour l'en empêcher.

En rentrant du village en question, l'agroéconomiste congolais m'invite à boire une bière dans la buvette du bourg. Sachant qu'il va partir en congé je pense lui faire plaisir en disant :

- Tu dois être content de laisser ce bled pour aller te reposer à Brazza.
- Oui bien sûr, mais je m'attends au pire car les fonctionnaires n'ont pas été payés depuis trois mois et mes frères, beaux-frères, cousins, neveux et j'en passe vont tous me coincer pour me prendre de l'argent.

Cette solidarité du groupe familial, du lignage envers celui qui est dans le besoin est bien sûr appliquée dans l'autre sens. Celui qui réussit, qui s'en sort mieux que les autres – et c'est le cas de mon interlocuteur qui, travaillant dans un grand projet international, non seulement est bien payé, mais a droit en plus à un complément de salaire, à diverses primes, sans parler du véhicule et autres avantages matériels – doit aider les siens en redistribuant ses gains, ses biens, ses avantages et concrètement il est sollicité, pour ne pas dire harceler, par les membres de sa famille qui dans ce cas est très élargie.

C'est une des raisons, voire la principale, pour laquelle à l'époque, le Gouvernement se résistait à diminuer sa fonction publique pléthorique malgré les diktats du Fonds Monétaire International et de la Caisse Français de Développement car il savait que le salaire d'un fonctionnaire faisait vivre en moyenne une douzaine de personnes. Réduire de presque la moitié le nombre de fonctionnaires équivaudrait à laisser sans revenus monétaires plus d'un demi-million de personnes soit environ le quart de la population nationale. Cette mesure qui prévoyait de faire passer le nombre de fonctionnaires de quatre-vingt mille à cinquante-cinq mille, pour soi-disant sortir du sous-développement n'a pas vraiment contribué à rétablir l'ordre et le calme dans ce pays secoué par la violence sociale !

Et l'autre côté de la médaille, à savoir faire des réserves, accumuler, épargner dans ces conditions d'entraide et de solidarité relève de l'exploit.

N'est-ce pas pour cette raison que dans ce pays, tout le commerce ou presque est aux mains d'étrangers : des « Ouestafs » - Ouest africains -, des Portugais, des Libanais, des Asiatiques, etc. ? Même dans les petits bourgs perdus dans la forêt au Nord du pays, ce sont les Mauritaniens qui possèdent les bazars de la place centrale.

Pour acheter et vendre, il faut bien sûr un fonds de commerce que le jeune du pays, du fait des pressions et exigences familiales, ne peut pas ou très difficilement constituer. Au cas où il arriverait à installer une boutique pourra-t-il décemment demander à un frère de payer l'article dont il a besoin ? Et dans le village ou le bourg, tous ou presque sont des frères !

De même il faut accumuler du capital pour investir, pour créer des entreprises et c'est sans doute pour cette raison que le secteur privé est presque inexistant dans ce pays. Certes il ne faut pas oublier que plusieurs décennies de régimes étatiques d'obédience marxiste n'ont guère favorisé, bien au contraire, l'initiative privée.

Redynamiser le milieu rural, limiter l'exode rural passe d'abord par le désenclavement, mais ensuite il faut contribuer à promouvoir l'économie, celle qui est liée au marché, en régénérant le tissu local des activités agricoles et rurales.

Comme il se doit, cet aspect de la promotion de l'économie a été retenu comme ligne d'action par les décideurs du Programme. Voyons ce qu'il s'est passé concrètement.

Faire émerger des opérateurs économiques ?

Contrairement aux deux premières lignes d'action – réhabilitation des pistes agricoles et amélioration du cadre de vie – qui avaient eu le mérite d'être claires et précises quant aux actions à mettre en œuvre, la troisième apparaît plutôt un inventaire de bonnes intentions :

- amélioration de la commercialisation des produits agricoles,

- diversification des activités rurales,

- augmentation des revenus agricoles ou extra agricoles,

- octroi de petits crédits, etc.

Issu d'une négociation qui a duré plusieurs années et signé par le Régime de l'époque qui était encore d'obédience marxiste, le Programme n'a pas reçu carte blanche pour intervenir dans ce domaine clef de l'économie, en levant certains tabous et en particulier celui de l'initiative privée.

Pour satisfaire le Bailleur de fonds, ce Gouvernement « tout-état » a dû accepter de rajouter quelques objectifs d'ordre économique qui sont restés suffisamment vagues pour qu'il ne se passe rien et que le « développement économique » des zones d'intervention du Programme n'échappe pas à son contrôle étatique.

Et effectivement rien n'a été fait dans ce domaine pendant les deux premières années d'intervention du programme à part la construction – en dur !- de deux infrastructures de marché, sorte de hangar ouvert avec de grandes tables en bois pour servir d'étals.

Des jours, des semaines, des mois de discussion et de négociation avec les Ministères de tutelle et le Bailleur de fonds auront été nécessaires pour se mettre d'accord sur le sens et les contenus à donner à cette ligne d'action.

L'économie nationale sort petit à petit du joug de l'État, les pistes commencent à être réhabilitées et il semble que les conditions sont maintenant réunies pour lancer ce nouveau volet qui s'intitulera « Appuis aux opérateurs économiques et à la commercialisation ». Vu son importance et surtout son urgence, il est fait appel à un nouvel expert « expatrié » pour se charger exclusivement de ce volet. Ce dernier prendra ses fonctions un an et demi avant la fin de la première phase ! Il faut donc faire vite !

L'objectif de ce volet :

Promouvoir l'émergence et l'installation d'opérateurs économiques privés – individuels ou collectifs – tous azimuts quant aux types d'activités : production agricole ou non agricole, ateliers de transformation, transport, commerce, services, etc.

Aucun critère de choix, ni de priorité n'ont été fixés.

Comme j'ai pris le train en marche et que je ne connais pas encore bien le pays, je reste discret quant aux options prises concernant cette ligne d'action, mais j'ai du mal à comprendre.

Dans les pays latino-américains où j'ai travaillé avant d'arriver ici, il ne serait venu à l'idée d'aucun programme de coopération de retenir une ligne d'action de ce genre.

Transporteurs, commerçants, « transformateurs » de la production locale, artisans, etc. émergent tout seuls et à foison. Même si beaucoup d'entre eux sont analphabètes, ces opérateurs n'ont pas besoin d'appuis extérieurs, ni de cours de gestion ou de marketing pour se lancer, pour pulluler… il leur suffit de savoir compter ! Même que par endroit, camionneurs et commerçants sont devenus des intermédiaires qui exploitent les petits producteurs agricoles au point que les programmes extérieurs d'appui s'attellent plutôt aux tâches de formation et d'organisation de ces derniers pour qu'ils puissent se défendre contre ces opérateurs économiques.

Et ici il faudrait faire émerger et former ces « exploiteurs » ! Et ce programme en fait une ligne d'action spécifique et prioritaire !

Décidemment ce pays, c'est le monde à l'envers ! Et comme je voudrais comprendre, je taquine souvent mes collègues et en particulier le socio-économiste qui y travaille depuis plus de quinze ans.

Quand une activité est rentable et permet à celui qui l'entreprend de gagner de l'argent, en général il n'est pas nécessaire de la promouvoir, il y a suffisamment d'amateurs pour se lancer. Pourquoi, ici, ces opérateurs ne surgissent pas spontanément ?

Est-ce à cause de cette solidarité familiale ?

Il est probable en effet que celle-ci ne facilite pas l'émergence de l'entreprise privée. La constitution d'un fonds de commerce ou d'un capital entre en concurrence avec l'obligation morale d'aider financièrement les membres de sa famille qui sont nombreux et souvent dans le besoin. On entend parfois parler de pionniers qui se sont lancés, qui ont entrepris mais qui rapidement ont souffert les pires ennuis : vols, incendies, maladies, etc. Bien sûr ces désagréments sont interprétés comme la marque du sorcier que la famille de l'intéressé aurait contracté pour lui faire comprendre qu'il avait fait passer ses intérêts et sa réussite personnelle avant ceux de la famille.

Un chercheur dont j'ai oublié le nom a écrit : « Le collectif prime sur l'individu au point que la réussite individuelle ne peut pas s'exprimer aux dépens d'un mieux-être de la communauté toute entière ».

Est-ce à cause du long passé d'obédience marxiste ?

Plusieurs décennies de régimes politiques qui ont instauré une économie centralisée et étatique ont sans doute contribué à renforcer la mentalité « cueillette ». Il est plus facile de se contenter de recevoir une manne : les fruits de la forêt et, dans ce cas, les salaires et subventions de l'État que de se prendre en main pour entreprendre.

Mais il me semble que ces deux raisons n'expliquent pas tout.

Malgré ces deux obstacles, il existe tout de même des exceptions, des congolais qui entreprennent comme par exemple ceux qui produisent, transportent et vendent des fruits et des produits maraîchers dans la région de Kinkala ou ceux qui font de même avec des fagots de bois aux alentours de la capitale. Même dans la région de la Cuvette, quelques rares commerçants osent affronter avec leurs petites camionnettes les distances – plus de 500 km. – et les pistes épouvantables pour aller vendre du manioc à Brazzaville.

Et bien évidemment, ils sont plus nombreux dans la région de Kinkala d'où une route nationale goudronnée actuellement en bonne état permet de parcourir sans difficulté la centaine de kilomètres qui la séparent de la capitale.

Il n'y a pas de miracle ; les activités économiques existantes, citées en exemple, sont liées à des conditions favorables du marché. Manioc, mangues, agrumes, arachide, bois, etc., sont des denrées qui répondent à une forte demande des citadins de la capitale.

Par ailleurs, nous avons pu constater que sur les quelques pistes réhabilitées par le Programme le trafic de camions et de camionnettes avait sensiblement augmenté et ce dans les deux zones d'intervention.

Le Programme ne se serait donc pas trompé en mettant l'accent sur la réhabilitation des pistes car l'application de cette ligne d'action a favorisé l'émergence spontanée d'opérateurs économiques.

La ligne d'action « Appui aux opérateurs économiques » a probablement été retenue pour renforcer, diversifier et organiser cette émergence spontanée.

Former des conseillers en gestion…

Ne pouvant, faute de temps, intervenir « à la base », c'est-à-dire au niveau de chaque opérateur potentiel, le Programme opte pour mettre en place un processus de sélection et de formation de cadres intermédiaires, à savoir des conseillers en gestion.

Issus des zones d'intervention du Programme et de la capitale, ces futurs conseillers sont choisis parmi des fonctionnaires, des employés d'Organisations Non Gouvernementale et même des petits opérateurs économiques. Des 25 qui sont sélectionnés au départ, 12 recevront leur diplôme de « Conseillers en gestion ».

La formation reçue – deux sessions théoriques d'un mois, entrecoupées d'un stage pratique de plusieurs mois – doit leur permettre, en plus de leur activité principale, d'aider de futurs opérateurs économiques à élaborer un dossier de création d'entreprise. Et pourquoi ne pas envisager que les plus motivés de ces conseillers puissent, à plus long terme, vivre de ce métier en devenant des « professionnels » de la gestion d'entreprise ?

« Faire faire », un des principes de base du programme est donc bien respecté.

En effet, au lieu de confier cette tâche à des experts expatriés ou nationaux, il a été décidé de mettre dans le coup et de préparer d'autres personnes, si possible « ancrées » dans les zones d'intervention du programme, pour qu'elles se chargent de l'appui aux futurs opérateurs économiques. Et en toute logique cette option devrait contribuer à la pérennisation du Programme qui, après son retrait, laissera un personnel formé et présent dans les zones d'intervention pour continuer à appuyer la promotion du tissu économique local.

Du côté des bénéficiaires indirects, à savoir les futurs « entrepreneurs », l'ouverture de cette ligne d'action est reçue avec beaucoup d'enthousiasme. Que le Programme, via conseillers en gestion, cherche à favoriser l'émergence de l'initiative privée, en appuyant la création d'ateliers, de petites entreprises, de services, etc., tombe à pic pour améliorer la situation financière des villageois ; les fonctionnaires licenciés sont de plus en plus nombreux et ceux qui sont encore en poste ne sont pas payés depuis plusieurs mois.

Conséquence logique et prévisible : les demandes d'appui coulent à flot et sont des plus diverses ; atelier de mécanique, savonnerie, chambre froide, camion, jardin potager, quincaillerie, moulins de toutes sortes, élevage de poulets, scierie, etc. La plupart de ces demandes qu'accompagne un petit dossier plus ou moins bien élaboré, reposent sur un apport personnel de l'intéressé qui, le cas échéant, sera complété par l'octroi d'un crédit.

En accord avec la méthodologie du Programme, le demandeur est donc disposé à fournir une contribution financière et, comme pour la construction d'une école ou l'aménagement d'une source, il demande au Programme de compléter en octroyant la sienne, mais cette fois il s'agit d'un crédit. Je ne pense pas me tromper en signalant que du côté du demandeur il existe une confusion certaine – et consciente ! – entre subvention et crédit. Jusqu'à maintenant le programme a toujours donné, les programmes antérieurs ont toujours donné. Pourquoi faudrait-il rembourser maintenant ?

Et c'est là où le bât blesse ! Nous n'avons pas compris le sens de la démarche de ces supposés futurs opérateurs économiques. Nous nous sommes laissés impressionner par la pléthore de demandes, nous avons passé beaucoup de temps à les analyser et à les faire traiter par nos conseillers en gestion. Or dans la pratique, la grande majorité des dossiers présentés n'était pas sérieuse ; ce n'est pas la création d'une entreprise qui a motivé tant de demandes sinon le fait de pouvoir accéder à une nouvelle manne, un crédit perçu comme une subvention !

Résultat : de la centaine de demandes reçues, après révision et analyse de chacune d'elles par les conseillers en gestion, il n'en reste pas plus d'une dizaine qui peuvent être considérées comme valables et sans doute viables. Mais parmi cette dizaine, la moitié concerne des entreprises basées à Brazzaville !

Bref, après une année et demie de fonctionnement de ce volet, le bilan est plutôt maigre :

- 12 conseillers en gestion formés, mais sans travail ou si peu.

- 10 dossiers de création d'entreprise prêts, c'est-à-dire susceptibles de recevoir un crédit… un vrai !

... ou promouvoir la production agricole ?

La formation de conseillers en gestion était-elle vraiment nécessaire et indispensable pour sélectionner une dizaine de dossiers de création d'entreprise ?

En quoi ces futures entreprises dont la moitié ne sera même pas située dans les zones d'intervention du Programme, pourront-elles contribuer à la redynamisation du milieu rural ?

Faute d'un tissu économique minimum, les conseillers en gestion installés dans nos zones d'intervention pourront- ils vivre de leur métier ?

Une fois qu'ils ne recevront plus les incitations et les appuis du Programme vont-ils continuer cette activité de gestion qui ne leur rapporte pas ou très peu de revenus ? J'ai bien peur que non !

Il semble qu'une fois de plus nous avons mis la charrue avant les bœufs.

C'est clair, c'est prouvé... une piste agricole réhabilitée génère l'émergence spontanée de transporteurs et commerçants. On en revient à la question : pour transporter quoi ? On en revient au débat : villageois ou paysan ?

La base de l'économie villageoise de ces régions rurales repose depuis toujours sur le secteur primaire « extractif » : chasse, pêche, cueillette. Bien sûr, actuellement il faut nuancer cette affirmation ; il y a le manioc qui est à la limite entre cueillette et agriculture et là où la forêt a été totalement défrichée, quelques activités agricoles et d'élevage ont pris le relais.

Avec nos appuis aux opérateurs économiques n'a-t-on pas cherché à passer directement du secteur « extractif » aux secteurs secondaire et tertiaire en court-circuitant l'activité primaire par excellence qui est l'agriculture ?

Comme le villageois semble résister à devenir agriculteur ou éleveur, le Programme a essayé d'en faire un transporteur, un commerçant, un transformateur, un artisan, un petit industriel, etc., voire un conseiller en gestion !

Mais pour redynamiser une région rurale peut-on faire l'impasse sur l'agriculture et l'élevage ?

À mon avis, le volet « Appui aux opérateurs économiques » aurait dû être « Appui à la production agricole ».

Au fur et à mesure de la réhabilitation des pistes agricoles – ce n'est pas par hasard qu'elles s'appellent agricoles ! -, ce volet aurait dû se consacrer à la mise en valeur du potentiel agricole des zones desservies afin de contribuer à améliorer, diversifier et augmenter la production tant de rente que vivrière. C'est seulement sur la base d'une production agricole dynamisée qu'on aurait pu commencer à appuyer des opérateurs des secteurs secondaire et tertiaire, ne serait-ce que pour s'occuper au moins au début des activités en amont et en aval de la production agricole.

Mais ce n'est que mon humble avis !

Pour essayer de détecter ce qu'en pensent les villageois, retrouvons cet ex-Ministre, originaire d'un petit village proche de Boundji qui de temps en temps – surtout en période électorale – vient passer quelques jours dans son petit palais.

Le fait qu'un natif de ce petit village de brousse ait réussi à devenir un jour ministre n'arrête pas de m'épater. Par contre je comprends facilement comment son passage au Ministère des Finances pendant la période faste de la manne pétrolière lui a permis de devenir millionnaire.

Mais le plus curieux de cette petite histoire, c'est qu'au lieu de se planquer quelque part en Europe ou ailleurs pour profiter tranquillement de cette fortune mal acquise – il a déjà fait un an de prison pour détournements de fonds, malversations et autres méfaits de ce genre – il revient chez lui au sein de son clan, de son ethnie. Et là, au lieu d'être banni par la population pour ses méfaits connus et reconnus, il est attendu et accueilli comme un sauveur, un chef et aussi bien sûr comme un mécène, car il redistribue aux siens une partie de la manne qu'il a su détourner lors de son passage au ministère.

Pendant les quelques jours qu'il passe dans son petit palais situé à la périphérie de Boundji, il ne peut pas faire autre chose que de recevoir les centaines de personnes qui chaque jour font la queue pour avoir une audience afin, très certainement, de lui demander leur « part du gâteau ». Il n'est pas exagéré de penser que la somme totale de francs CFA qu'il répartit à chacun des membres de son ethnie représente un investissement qui doit être de l'ordre de ce que notre Programme a dépensé pour essayer d'atteindre la redynamisation du milieu rural de cette région.

En plus, cet homme influent profite aussi des longues fins de soirée, sous l'équateur la nuit tombe de bonne heure, pour organiser chez lui des réceptions afin de soigner sa clientèle électorale, de tisser des relations plus étroites, voire amicales avec les personnes de son choix et, en résumé, pour promouvoir une plus grande convivialité au sein de son ethnie. Et le soir où le personnel du Programme a eu l'honneur d'être invité, tout le « gratin » local était présent dans son petit palais : le Sous-Préfet, les Directeurs des services administratifs, d'autres notables, les Chefs des villages voisins et nous les membres du seul Projet qui « sévit » dans la région. Par affinité, les invités se sont assis en petits groupes autour des nombreuses tables basses du salon pour prendre l'apéritif durant lequelle whisky, le pastis et la bière coulèrent à flot. Puis autour d'une grande table, réservée aux invités de marque – dont le personnel du Programme -, notre hôte a présidé un excellent repas, abondamment arrosé de Bordeaux et de Champagne. Ceux qui n'avaient pas de place autour de la table se sont installés où ils pouvaient, dans le salon, dehors sur la terrasse, mais peu importe, il y avait largement de quoi bien manger pour tous... et ce soir-là, nous étions plus d'une centaine.

Et ce soir-là, nous avons parlé de tout, sauf de ce que nous supposions être l'objet principal de cette rencontre au sommet, à savoir le développement ou la redynamisation du District !

Quand je pense à tous les efforts que nous devons faire, nous Programme, pour intéresser et organiser quelques villageois autour d'une action « bénéfique » pour eux, alors que ce Monsieur, avec sa seule présence – et bien sûr ses francs CFA – arrive à mobiliser toutes les « forces vives » du district avec le seul but de se retrouver ensemble ! Et dire que pour en arriver là, il n'a même pas besoin de se déplacer de villages en villages alors que nous devons passer des heures et des jours sur des pistes défoncées...

Pourquoi cet ex-Ministre a-t-il tant de succès, est-il si bien accueilli alors que nous, Programme, qui avons aussi des francs CFA à répartir, on doit faire un tas de manigances pour que ces mêmes villageois veuillent bien nous recevoir, nous écouter et participer à ce qu'on leur propose, à savoir leur développement ?

L'ex-Ministre de Boundji prend contact avec la population de « son » ethnie par le biais d'une relation directe et personnelle avec chacun des villageois, et donc en premier lieu, il écoute, enregistre les besoins de chacun et, très probablement, il donne à chacun d'eux ce qu'il demande. En ce sens, il respecte la tradition du villageois, à savoir sa mentalité et manière de vivre de type « cueillette ». Il ne lui est pas venu à l'idée de promouvoir et d'investir dans des activités économiques agricoles, d'élevage, d´exploitation forestière, de transformation ou autres, sans doute parce que ce qui compte le plus pour lui n'est pas le « développement économique » de sa région d´origine - la redynamisation du milieu rural – mais l´harmonie entre les membres de son ethnie et de celle-ci avec la nature.

Pour nous, agents de la coopération internationale, la démarche de cet ex-Ministre que nous qualifierions d'office de paternaliste, est non seulement inefficace mais pernicieuse car elle maintient le bénéficiaire en situation d'assisté qui ne sera jamais capable de se prendre en main pour devenir acteur de son propre développement.

Mais pour eux les villageois et leur bienfaiteur, à l'image de l'arbre qui après un cycle végétatif va redonner des fruits, cette manne qu'ils reçoivent de temps à autre va revenir avec le temps – cyclique - et il n'y a pas de raison qu'elle se tarisse. À la forêt qui leur donne l'essentiel pour vivre s'ajoutent des sources extérieures de financement périodiques mais perpétuelles qui leur permettent de mieux-vivre.

Bref, on en revient toujours aux mêmes questions :

- Le villageois veut-il devenir paysan ?
- À quelles conditions accepterait-il de compléter la cueillette en faisant de l'agriculture ou de l'élevage ?
- Pourquoi n'a-t-il pas formulé le souhait d'améliorer la qualité de vie de sa famille grâce à la promotion des activités agricoles, lors des enquêtes initiales ?
- À part la réhabilitation des pistes agricoles, que devrait faire un Programme de redynamisation rurale ?

Questions auxquelles ce troisième volet aurait eu bien besoin d'avoir des réponses, mais ce ne sont pas des questions que se posent les bénéficiaires de notre Programme !

Avant de clore la présentation de notre Programme, je voudrais rajouter deux remarques supplémentaires :

La première a trait à la situation de violence socio-politique dans laquelle nous avons dû mettre en œuvre notre Programme et cela surtout pendant l'année 1993. Du fait de la rupture d'une alliance entre deux des trois principaux partis pour contrôler le pouvoir, il s'est déclenché une guerre civile entre les milices soutenues par les partis en question.

Dans la pratique, nous étions parfois bloqués à Brazzaville pendant plusieurs jours de suite sans pouvoir communiquer avec les équipes de terrain. Et à l'inverse, les collègues qui étaient sur le terrain ne pouvaient pas en sortir et étaient bien inquiets pour leurs parents et amis qui vivaient à Brazza dont ils ne pouvaient recevoir aucune nouvelle. Quand on pouvait sortir de la ville pour aller sur le terrain, le temps passé sur la route était parfois le double, voire le triple du temps normal car à l'entrée et à la sortie de chaque bourg des miliciens armés révisaient de fond en comble non seulement les passagers mais aussi le véhicule. Et en plus, il fallait prévoir un budget spécial car on ne pouvait pas passer sans laisser une « petite collaboration » à ces combattants.

Et l'autre est un hommage posthume à Paul Gurung, notre collègue expatrié d'origine népalaise qui s'est tué sur la route en allant rejoindre son poste à Boundji. Du fait de la situation d'insécurité qui régnait à Brazzaville, il avait fait rapatrier en France sa femme et son jeune enfant et après les avoir laissés à l'aéroport, il a repris, seul, la route pour parcourir les 500 km qui le séparaient de son lieu de travail. Sur un tronçon réhabilité où on pouvait aller très vite, il a dû faire une fausse manœuvre et on l'a retrouvé mort dans le fossé, emprisonné dans son véhicule complètement défoncé.

Et maintenant essayons de tirer quelques enseignements de l'expérience vécue au cours de la mise en œuvre de notre Programme qui n'a pas réussi à atteindre, malgré des grandes lignes d'actions supposées pertinentes, cette nouvelle situation tant désirée de redynamisation du milieu rural des Régions du Pool et de La Cuvette.

Et peut-être bien que cet échec n'est pas dû seulement au contenu de notre Programme, ses objectifs et lignes d'action, mais au cadre adopté et appliqué, à savoir notre modalité d'intervention ou de coopération, bien occidentale, que nous appelons « Projet de développement ».

CHAPITRE 5

LES VRAIES RAISONS DE L'ÉCHEC DE NOTRE PROGRAMME

À demain Chef !

Ca y est, il est 19 h !

Louis, mon gardien, fait une dernière ronde pour vérifier que tout est en ordre, que tout est normal et il attend patiemment, comme toujours, son remplaçant, le gardien de nuit, pour prendre congé et rentrer chez lui.

Quant à moi, je suis presqu'arrivé au bout de mon dimanche en tapotant sur mon ordinateur et je suis relativement satisfait car j'ai l'impression d'avoir réussi à le remplir. Mais je reste sur ma faim car j'aurais bien aimé que Louis m'explique comment il fait pour vivre pleinement, sans angoisse, sans hâte, sans avoir besoin de tuer le temps.

J'aurais bien aimé qu'il me communique un peu de son « savoir-être », de son « savoir-vivre » pour qu'à mon tour, je puisse vivre pleinement le ici et maintenant, pour que j'arrive – ne serait-ce qu'un peu – à ne plus vivre à demi, à ne plus vivoter en transit vers…

Mais au fait ce « vivre pleinement le ici et maintenant » ne viendrait-il pas du fait que l'instant suivant, le jour suivant, voire le futur proche n'est pas une inconnue ? Ne pas se préoccuper pour le futur, ne pousse-t-il pas à vivre au jour le jour ?

Est-ce le cas de Louis ?

Il ne doit pas être plongé dans l'incertitude du lendemain car, sauf imprévu de dernière minute, il sait très bien que demain, il lui faudra revenir ici pour continuer à garder. Mais alors faut-il penser que c'est dans sa tête que ça se passe ? Il arrive à faire le vide, à ne pas penser à demain, ni à après-demain, à ne pas s'inquiéter pour son futur proche ou lointain. Il faut croire qu'il ne prévoit pas, qu'il ne se « projette » pas et qu'il est toujours dans de bonnes dispositions pour accueillir l'instant présent, comme s'il était prêt à se remettre en cause afin de s'adapter aux circonstances immédiates qui l'attendent. Et il ne s'agit pas de notre fameux : « à chaque jour suffit sa peine », car cet accueil, cette sorte d'empathie de chaque jour ne semble pas le faire souffrir, bien au contraire.

Pour moi, c'est tout le contraire !

Même si mes jours, mes semaines, mes mois à venir sont « programmés », même si tout est prévu à l'avance, je n'ai aucune certitude sur ce qui va effectivement se passer. Est-ce que j'ai bien pris en compte tous les éléments, est-ce que j'ai posé les bonnes hypothèses pour déterminer ce que sera mon futur ? Même si mes prévisions, mes projections me permettent de savoir où aller, je n'ai aucune certitude que cela va se passer comme prévu. Et je m'en inquiète.

Tous ces échelons que je dois gravir, tous ces jalons que je dois atteindre à plus ou moins long terme, encombrent ma tête, imprègnent mes pensées et perturbent mes activités du moment. Je ne vis pas le présent à l'état pur car je suis constamment préoccupé par ce qui m'attend demain et plus tard. Je ne peux pas, comme Louis, accueillir l'instant qui vient tel qu'il se présente car je ne suis pas disponible, il faut au moins que je respecte ma programmation du moment, celle d'aujourd'hui. D'ailleurs pour être bien sûr de ne rien oublier, de ne pas me dévier de mon présent, tout est écrit sur mon agenda.

Écartelé, les pieds embourbés dans le présent et la tête perdue dans les nuages du futur, il est effectivement difficile que je puisse vivre pleinement le ici et maintenant.

Or notre manière de vivre : « du passé faisons table rase, du présent vivons le en fonction du futur », nous l'avons formalisée et officialisée dans le concept de « Projet ». Et bien que celui-ci soit peu confortable et guère épanouissant – les résultats de notre Programme sont plutôt dérisoires au regard des moyens engagés -, nous nous sommes habitués à vivre par projets successifs, c'est-à-dire par à coup, selon un rythme en pointillé et avec un chronomètre dans le ventre. Nous ne pouvons pas imaginer qu'il puisse y avoir d'autres manières de « vivre le temps ». Qui plus est, nous sommes persuadés que notre manière de vivre le temps constitue la condition *sine qua non* et universelle pour atteindre le Développement. Et depuis plus de cinquante ans, nous proposons, pour ne pas dire nous imposons, nos projets de développement aux quatre coins du monde !

Si les villageois ne vivent pas le temps à notre manière, comment peuvent-ils adhérer et participer à « notre projet » de développement ?

Comme il se doit, notre Programme leur a bien demandé de participer aux actions qu'il estimait bénéfiques pour eux car devant permettre d'atteindre dans le futur une situation supposée meilleure : la redynamisation de leur milieu. Et pour ce faire, il leur a imposé – plus ou moins inconsciemment – une manière de vivre le temps, notre démarche « projet », qui n'a rien à voir avec la leur.

Non seulement la manière de vivre le temps des villageois n'est pas prise en compte, mais en plus elle est bafouée et balayée par la nôtre, à savoir la modalité « projet ». Or il semble assez évident que les villageois ne prendront leur vie en main que s'ils peuvent le faire selon leur manière de la vivre et non pas sous le joug d'un cadre exogène inconnu et incompréhensible pour eux.

On en revient à la question :

Est-ce que leur « vivre pleinement le présent » peut être compatible avec notre « projeter dans le futur » ?

La grosse chaîne, qui donne l'impression que le portail est infranchissable, cliquette. Avec une bonne demie heure de retard, mais ce n'est pas grave, arrive le gardien de nuit. Louis va enfin pouvoir rentrer chez lui et se reposer après cette longue journée de labeur. Il monte à l'étage pour me dire au revoir.

- À demain, Chef !

- Bonne soirée, Louis !

Le projet de Développement se moque de l'histoire

Les populations bénéficiaires existent depuis longtemps, elles n'ont pas commencé à vivre, à évoluer, à se prendre en main le jour où le Programme a initié son intervention.

Ces sociétés, ces ethnies qui vivent dans les Régions du Pool ou de La Cuvette, celles qui vivent dans le pays et celles de l'Afrique sub-saharienne ont une longue histoire.

Les décideurs européens et nationaux du Programme se sont-ils intéressés à cette histoire ? Non, pas le moins du monde. Ils l'ont complètement ignorée, voire méprisée. Pour eux ce qui compte c'est l'avenir, c'est le Développement, c'est la situation nouvelle, supposée meilleure, que devait atteindre le Programme au bout des quatre ans.

Mais de quelle histoire s'agit-il ?

À sa manière, un ex-Président de la République Française dans un célèbre discours devenu maintenant historique[2] rappelait l'importance de l'histoire :

- « Le drame de l'Afrique, c'est que l'homme africain n'est pas assez entré dans l'Histoire… Le défi de l'Afrique, c'est d'entrer davantage dans l'Histoire. »

Dans le cas du Congo où s'est exécuté notre projet, à quelle période historique aurait-il fait référence ?

Celle des Pygmées qui auraient été les premiers habitants de l'actuel Congo, 2500 ans avant notre ère ? Celle des nombreuses ethnies d'origine Bantu qui ont migrés depuis le fleuve Niger et qui ont donné naissance vers les années 600-700 aux Royaumes Kongo et Téké dont l'histoire a été interrompue brutalement sept siècles plus tard, avec la « découverte » en 1482 de l'explorateur portugais Diego Cao ?

Du fait du nomadisme des populations de ces Royaumes, il est vrai qu'il y a peu de traces, de vestiges, de monuments « en dur », de Pyramides, de Machu Picchu, etc., qui permettraient de connaître plus à fond cette civilisation.

Il est vrai aussi que la quasi-totalité des universitaires étaient convaincus que l'Afrique n'avait pas d'histoire… puisse que celle-ci n'était pas écrite !

Cependant, le fait que cette période ait duré plus de sept siècles constitue bien la preuve que ces sociétés avaient atteint un « développement endogène, durable et autonome » pour utiliser la nomenclature occidentale.

Soit dit au passage que l'Occident ne peut guère appliquer cette nomenclature à son propre « développement » qui n'est ni autonome - ne repose-t-il pas sur la spoliation des richesses des sociétés traditionnelles, devenues pays sous-développés ? -, ni durable - il se rend compte seulement maintenant qu'il ne

---

[2] Discours prononcé par Nicolas Sarkozy à Dakar le 27 Juillet 2007.

pourra pas éviter une catastrophe planétaire s'il ne change pas de cap rapidement -.

Il est probable, voire certain que le discours de l'ex-président ne faisait pas référence à cette période de l'histoire ancienne dans laquelle l'Afrique aurait dû entrer davantage !

Par contre, il est plus que certain que l'identité et la tradition – les croyances, les savoirs, les valeurs, les manières d'être et de vivre entre eux et avec la nature, etc. - des ethnies congolaises de La Cuvette et du Pool qui ont été choisies comme « bénéficiaires » de notre programme, proviennent de cette période historique que ce même discours présidentiel qualifie de « paradis perdu de l'enfance » et « d'âge d'or qui ne reviendra pas, pour la raison qu'il n'a jamais existé. »

La période historique qui suit est mieux connue puisque les Royaumes en question « entrent en relation » avec le monde civilisé, le Portugal d'abord à partir de la découverte de l'explorateur Diego Cao en 1482, puis la France avec l'arrivée en 1875 de Savorgnan de Brazza. Une relation qui, comme on le sait bien, est empreinte d'une forte domination de la part des pays « découvreurs ».

Les royaumes du Portugal et du Kongo vont entretenir une relation commerciale pas vraiment réciproque : la traite et le trafic négrier qui va créer d'énormes ponctions démographiques sur tout le territoire et une destruction totale du royaume. Il est vrai qu'une traite « négrière », animée par les Arabes et dirigée vers le monde méditerranéen ou l'océan Indien existait déjà, depuis le IXe siècle, et que ce n'est qu'à partir du XVIe siècle que la traite atlantique fut engagée par les Portugais et autres colonisateurs, mais avec comme résultat la déportation, en moins de deux siècles, de 11 millions d'esclaves en Amérique et dans les Caraïbes. (*Coquery-Vidrovitch, 2011*)

Quant au processus de colonisation imposé par la France, qui a commencé dans la première moitié du XIXe siècle et a duré moins d'un siècle, il a été marqué par l'idéologie des « trois C », c'est-à-dire la croyance en la nécessité et la possibilité de « Civiliser l'Afrique par le Christianisme et le Commerce », idéologie qui a été appliquée jusqu'aux indépendances dans les années 1960 et qui s'est manifestée par les principaux « succès » suivants :

- L'exploitation des ressources (caoutchouc, palmiste, ivoire…) - le Congo est au cœur de l'une des plus grandes forêts équatoriales du monde - par des compagnies concessionnaires qui va être la source des pires excès vis-à-vis des populations locales : travail forcé, pillage, massacres, expéditions punitives… ; la plus terrible fut certainement l'opération du « caoutchouc rouge ».

- La construction du Chemin de fer Congo-Océan (CFCO), soit 500 kilomètres de voie ferrée comprenant cinquante-neuf viaducs et douze tunnels, qui va générer un nouveau traumatisme et coûter « la vie d'un homme par travée » (soit entre 25 000 et 30 000 victimes).

- L'enrôlement de force des tirailleurs - « effort de guerre » - qui sont allés se faire tuer sur le front pour sauver la France…

Alain Mabanckou écrit dans un de ses livres :

« Est-ce que tu sais pourquoi l'eau est salée ?

Oui, le goût salé de la mer, c'est à cause des larmes de nos ancêtres qui pleuraient pendant le voyage funeste de la traite négrière. »

Aimé Cesaire stipule :

« Le colonialisme est forcément un asservissement. L'Europe aura commis l'un des crimes les plus crapuleux de l'histoire en imposant sa vision du monde aux autres peuples ».

Cette période historique que le monde occidental accepte enfin aujourd'hui d'appeler par son vrai nom : la colonisation, l'Afrique noire n'est pas prête de l'oublier car elle y est plus qu'entrée, on l'y a engouffrée de force.

Alors quand, dans les années 1960, les pays africains, et parmi eux le Congo, sont devenus indépendants et que la France a voulu maintenir la relation avec ses ex-colonies et leur a proposé des solutions pour se développer - que ce soit la « Mise en valeur des ressources », la « Lutte contre la faim », l'« Aide au Développement », la « Coopération technique et commerciale », etc. -, on peut imaginer que les africains aient pu avoir quelques doutes quant aux intentions profondes et cachées de son ex-colonisateur. Les années antérieures aux indépendances au cours desquelles la France s'était proposé de leur apporter la « civilisation » n'ont pas laissé de très bons souvenirs !

Cependant, c'est semble-t-il, dans cette période que le discours de l'ex-Président aurait souhaité que les africains entrent davantage. Mais on peut comprendre leur difficulté à oublier la période historique antérieure et leur réticence à s'engager davantage dans la période contemporaine, sauf bien sûr pour les « élites » nationales qui ont su profiter de la situation pour s'enrichir en devenant complices des ex-colonisateurs.

Selon *Alain Mabanckou* : « Les colonisateurs avaient un « plan B » : ils avaient « formé » quelques hommes à leur image. Des hommes qui auraient la peau noire et un masque blanc. Des hommes qui « inconsciemment » les remplaceraient et seraient leurs yeux et oreilles sur le continent noir. »

Et si actuellement, les Congolais acceptent de recevoir des aides, des financements, des prêts, de la coopération technique, des programmes de développement comme celui que nous venons d'exécuter, ce n'est pas parce qu'ils croient en leur bienfondé, ce n'est pas pour les mettre en œuvre tels qu'ils sont conçus, car ils ont le droit d'avoir des doutes sur les vraies intentions de leurs « bienfaiteurs » qui se présentent comme les « sauveurs » qui vont les développer.

Si les Autorités nationales – « les hommes à la peau noire et au masque blanc » - acceptent de recevoir les aides de l'ex-colonisateur et en particulier notre Programme, c'est parce qu'elles savent qu'il sera toujours possible de récupérer quelque chose, de détourner une manne, un bénéfice concret (des fonds, des commissions, des honoraires, des véhicules, des constructions...), qui ont peu à voir avec l'atteinte des objectifs du programme.

D'ailleurs, après quatre ans de collaboration avec le Programme, le Collègue du Ministère du Plan, grand spécialiste du développement rural, avec qui nous avions des discussions fort intéressantes, nous a dit au moment de faire un bilan de notre intervention :

- Le plus grand service qu'aurait pu rendre le Programme aux villageois, c'est de leur apprendre à formuler des projets et à présenter des demandes d'aide à des bailleurs de fonds internationaux.

Et ce n'était pas une plaisanterie

Il se fiche complètement du Programme, de savoir s'il a atteint ses objectifs, si les villageois ont redynamisé leur région. Ce qui compte pour lui c'est de pouvoir continuer à recevoir une nouvelle manne et pour cela il faut être capable de présenter un beau projet à un autre bailleur... ou au même !

La population bénéficiaire n'est pas née en même temps que le Programme, elle est depuis des siècles son ainée ! Et si l'objectif était de coopérer – de travailler ensemble – il aurait été judicieux, respectueux et fort utile de faire connaissance avant. Et ce ne sont pas les quelques enquêtes préalables réalisées en vitesse qui ont pu le permettre.

Selon la hiérarchie respectée par les sociétés congolaises - que le Programme devait développer -, au sommet il y a les morts, garants des règles, suivent ensuite les aînés, intermédiaires entre les vivants et les morts et pour cela, détenteurs de l'histoire.

Au lieu de tout planifier et décider avec « les hommes à la peau noire et au masque blanc », ce sont eux, les ancêtres, les garants de l'histoire de ces sociétés, qui auraient dû être contactés, écoutés, non pas en leur imposant des réponses rapides à un questionnaire préétabli, mais en les laissant parler à leur rythme de ce qu'ils sont, de ce qu'ils font, de ce qu'ils vivent, de ce qu'ils croient, de ce qui leur paraît important pour leur clan ou ethnie. Il aurait fallu créer un climat de confiance entre eux, les sages des villages et nous, intervenants extérieurs, qui avions de bonnes intentions à l'égard de la population bénéficiaire.

Mais en plus cette démarche est risquée et c'est sans doute une des raisons pour lesquelles elle n'est jamais mise en œuvre. En effet, si ces sages, encore échaudés par l'histoire récente – les méfaits de la colonisation -, concluaient la discussion par des affirmations du genre : nous n'avons pas vraiment besoin de votre aide, nous n'avons rien demandé à personne, soyez gentils, laissez-nous tranquilles !

Ce serait une claque que la plupart des bailleurs du Nord et des décideurs nationaux ne pourraient pas supporter.

Et même si face à la déception de leurs interlocuteurs occidentaux, un sage pris de compassion, leur demandait tout de même quelque chose, un vrai besoin pour les villageois, du genre : une aide financière pour payer les frais des enterrements somptueux afin de donner aux morts une nouvelle vie digne et prometteuse, ces derniers n'auraient sûrement pas accepté car les morts, même enterrés dignement, n'auraient pas contribué à l'objectif du Programme, à savoir la redynamisation du milieu rural.

Bredouilles, les décideurs du futur Programme auraient fui pour aller jeter leur dévolu ailleurs, là où des bénéficiaires compréhensifs leur demandent ce qu'ils ont l'intention de faire pour les développer.

Bref, un programme, une intervention extérieure qui ne prend pas en compte l'histoire de la population bénéficiaire qu'elle veut développer, est probablement voué à l'échec.

Le projet de Développement est linéaire

Comme mon gardien, la population bénéficiaire perçoit et vit le temps d'une manière différente de la nôtre.

Éternel retour...

Dans un monde où rien ne dure, où tout est perpétuel recommencement, où tout est régi par des phénomènes qui se répètent périodiquement – le cycle des astres célestes, celui des phénomènes atmosphériques, la reproduction de l'homme, des animaux et des végétaux...- la population bénéficiaire vit selon une perception cyclique du temps.

Ces cycles nombreux et variés sont bien sûr à géométrie variable, mais celui qui a probablement la plus grande périodicité et qui marque profondément le subconscient des populations indigènes est celui du mythe de l´éternel retour, de l'éternel recommencement, du retour à l'âge d'or.

Généralement, les sociétés traditionnelles ont une conception de l'histoire qui n'est pas linéaire, mais cyclique avec des étapes successives d'ordre et de chaos. Que ce soit la colonisation pour l'Afrique ou la conquête pour l'Amérique latine, les populations qui ont souffert ces périodes néfastes ne perdent pas l´espoir que, du fait de leur temps cyclique, elles puissent retrouver et restaurer la dernière période faste vécue, à savoir leur âge d´or – celui que l´ex-Président affirme qu´il n´a jamais existé ! -.

On retrouve ce mythe du retour à l'âge d'or dans diverses sociétés traditionnelles. Les sociétés andines, par exemple, ont le même espoir de retrouver leur âge d'or de la civilisation Inca qui a été anéanti par les conquistadors espagnols ; elles l'appellent en quechua « Pachakuti » qui vient de « Pacha » : espace et temps, et de « Kutiy » : retourner ou renverser.

Actuellement, le Gouvernement de l'Équateur est en train de promouvoir une « Révolution citoyenne » qu'il a définie en ces termes : « Notre Révolution est marquée par une philosophie héritée de nos racines indigènes, elle contient un enseignement très riche pour ces temps convulsionnés et agressifs pour l'environnement, à savoir : le « Buen-Vivir » - le Bon-Vivre - qui se fonde sur une relation harmonieuse entre l'homme et la nature » (*Acosta, 2014*)

Et ces mythes ne sont pas une pure utopie.

D'une part, ils sont présents dans la mémoire collective de ces sociétés et plus spécialement celle des personnes âgées que ce soit sous forme de légendes, de mythes, de contes, de savoirs qui se transmettent de générations en générations depuis des siècles.

Et d'autre part ces sociétés ont su préserver des envahisseurs, conquérants et autres agresseurs, les fondements de ce qui leur a permis de vivre une période faste, fondements qui regroupent un ensemble de croyances, de valeurs, de connaissances, de pratiques, de coutumes, de comportements, etc., une sorte de « noyau cognitif » qui se transmet de génération à génération et attend patiemment des circonstances favorables ou des opportunités pour s'ouvrir, s'exprimer et permettre la reconstruction d'une période faste, un peu à l'image de celle dont leurs ancêtres ont été frustrés ; un nouvel ordre qui sera fondée sur l'harmonie des hommes avec leur environnement et aussi des hommes entre eux.

...Apocalypse...

Par contre au sein de la majorité des sociétés dites moderne du monde occidental, il ne viendrait à l'idée de personne qu'on puisse revenir en arrière ou plutôt qu'on puisse espérer le retour des Années Lumières, de la Renaissance, du Moyen Âge, de l'Empire romain ou de nos ancêtres les gaulois, si tant est que ce furent des périodes fastes !

Notre vision linéaire et finie du temps qui s'inspire principalement de la tradition judéo-chrétienne a un commencement, la Genèse, et une fin, l'Apocalypse et le Jugement dernier.

Le passé est passé, on n'y revient pas et même si, de temps à autre, on regarde dans le rétroviseur c'est juste pour prendre quelques repères afin de foncer encore plus vite vers l'avenir.

Et comme le temps est fini, il ne faut pas le perdre, il faut le remplir et vite, car un jour où l'autre, l'Apocalypse va nous tomber dessus, même s'il est probable que notre dernière heure arrivera avant, et alors ce sera l'heure du bilan. Et parmi les différentes manières de remplir son temps, sa vie, celle qui est la plus en vogue depuis déjà un bon nombre d'années, est synonyme de « remplir ses poches ».

« Le temps c'est de l'argent » et celui qui a rempli son temps, qui a réussi sa vie, est celui qui a accumulé, à titre individuel, le plus de richesses possibles. Le temps linéaire de l'Occident est le temps de l'« Avoir », et le Développement que cela entraîne est fondé sur la possession. La majorité des occidentaux vit dans un monde matériel où il a besoin – besoin qui est amplement martelé par la publicité et le paraître – de consommer, de posséder des choses car il en ressent une satisfaction momentanée.

Mais le cumul de ces satisfactions fait-il le bonheur ? Plus personne ne croit au proverbe que « l'argent ne fait pas le bonheur ».

Et encore plus grave, ce n'est pas seulement la satisfaction de posséder qui gère sa vie, mais la convoitise qui le pousse à vouloir ce que possède l'autre, car en possédant ce que les gens riches possèdent, il pense accéder à une certaine forme de statut social, il « émerge » comme on a l'habitude de dire maintenant.

Néanmoins, au sein de sociétés modernes développées, il existe un consensus autour de l'idée que c'est grâce à l'application du temps linéaire qu'elles ont pu atteindre le progrès, la modernité, la richesse, bref, en un mot... le Développement. Mais quel développement ?

Un Développement qui se veut universel mais qui ne peut pas l'être car les ressources de la planète sont limitées, alors que l'obsession d'une minorité de « développés » pour posséder et consommer aux dépens des autres, est sans borne.

Un Développement qui exclut l'immense majorité de la population mondiale.

Il est difficile de présager le « développement » qu'auraient pu atteindre les sociétés dites traditionnelles si celui-ci n'avait pas été tronqué par l'invasion d'intrus dont le seul but était de les dominer, de les « convertir » et de les anéantir pour pouvoir spolier leurs richesses et leurs ressources. Il est cependant fort probable qu'elles auraient pu atteindre un « développement » différent.

Mais ce qui est inadmissible c'est que certains courants d'opinion occidentaux se permettent de disqualifier la vision du temps des sociétés traditionnelles afin de leur imposer la vision linéaire, car soi-disant, la cyclique ne leur permettrait pas de progresser, de s'élancer vers l'avenir, de se développer, de devenir riches, de se projeter vers le futur... d'avoir un projet.

Dans le discours mentionné antérieurement, l'ex-Président de la République française ne se gêne pas pour dire :

« Dans cet imaginaire de l'éternel recommencement du temps, il n'y a de place ni pour l'aventure humaine, ni pour l'idée de progrès. Jamais l'homme africain ne s'élance vers l'avenir. Jamais il ne lui vient à l'idée de sortir de la répétition pour s'inventer un destin ».

Le destin de la majorité de la population des pays occidentaux « développés » est-il enviable ? Pas si sûr.

... ce n'est pas la même chose

Ce que cet âge d'or – au Congo, les Royaumes Kongo et Téké - a su créer pendant plus de sept siècles n'a pas été rejeté, oublié, effacé. Il est bien vivant et continue à caractériser, différencier et à faire la force des sociétés traditionnelles. C'est sur cette base qui englobe des dimensions cognitives, culturelles, religieuses, sociales, politiques, économiques… pour employer des termes occidentaux, que les ethnies actuelles, les Bakongo, les Batéké, les Mbochis, les Sanghas, etc. – rien qu'au Congo, il y en aurait plus de 70 - ont su et pu résister aux interventions et agressions extérieures, et maintenir en partie leur différence. En tout cas, et les piètres résultats de notre Programme le montrent : les ethnies des Régions du Pool et de La Cuvette ne se sont pas correctement occidentalisées, loin s'en faut.

Qui plus est, les villageois savent que ce « noyau cognitif » aux multiples dimensions qui caractérise leur ethnie, constitue le socle sur lequel va pouvoir se reconstruire et s'épanouir la prochaine période faste qui, de toute façon, va émerger un jour ou l'autre. Et même si ce n'est pas pour tout de suite, peu importe, leur temps cyclique a le gros avantage d'être durable et indéfini, donc rien ne presse !

Rappelons que ce sont les anciens, les sages qui sont les garants de ce noyau cognitif et que c'est grâce à eux que ces civilisations autochtones maintiennent leur altérité et résistent à ce Développement que veulent leur imposer les occidentaux.

Pour les anciens et les villageois en général, il est inimaginable qu'ils puissent espérer une situation meilleure, un retour à une période faste, à un âge d´or si le processus pour l'atteindre ne prend pas en compte leur noyau cognitif qui est le garant de ce que la nouvelle situation sera effectivement meilleure et faste pour eux.

Et dans ce cas, il est à peu près certain qu'ils s'érigeront comme les principaux protagonistes de ce processus de restauration d'une période faste et vraiment bénéfique pour eux. Ce sera tout le contraire de ce qui se passe avec nos interventions au cours desquelles les bénéficiaires ne sont pas vraiment motivés pour atteindre des changements qu'ils n'ont pas pu choisir ni décider.

Notre Programme a-t-il pris en compte cette manière différente de vivre le temps et ce noyau cognitif pour, en accord avec la population bénéficiaire, définir un avenir – selon notre perception - ou un retour – selon la leur - vers une situation qui soit meilleure pour eux ?

Pas le moins du monde et voilà sans doute une seconde raison de fond qui explique l´échec de notre Programme.

Le projet de Développement ne respecte pas la Nature

Les bénéficiaires de notre Programme et d'une manière générale les sociétés sub-sahariennes ne font pas la même lecture de l'histoire que nous, les Occidentaux, ils n'ont pas non plus la même perception du temps et, troisième élément à prendre en compte, leur vécu de la relation homme-nature n'a rien à voir avec la nôtre.

Exploitation, possession, domination...

Extraction des ressources naturelles, exploitation agricole, propriété privée..., l'Homme occidental a pour mission de dominer la nature pour parfaire et compléter la Création. Il s'est arrogé – et le Créateur l'y a aidé- le rôle principal, celui du Roi de la Nature et de ce fait, il considère tous les autres êtres vivants et éléments naturels comme des substituts qui doivent être dominés et mis à son service.

« Pour l'homme moderne, la nature représente tout ce qui lui est extérieur ; ce qui est logique car pour maîtriser et dominer la nature, mieux vaut s'en extraire. Les peuples modernes sont devenus, comme le préconisait Descartes, maîtres et possesseurs de la nature » (*Bruno Latour*, cité par *Sabine Rabourdin, 2005*)

Pour dominer la nature, en tant qu'individu, l'homme occidental s'est souvent approprié un « petit morceau de la Création », propre et délimité au sein duquel il peut régner sur l'ensemble de ses substituts.

Au Moyen Âge, par exemple, les Seigneurs s'appropriaient ou se faisaient octroyer des fiefs au sein desquels ils exploitaient serfs et ressources naturelles afin d'accumuler des richesses et devenir puissants.

Les conquistadors se sont appropriés les terres du Nouveau Monde qu'ils considéraient comme vierges, vides, sans possesseurs – un « no man's land » ou une *terra nullius* selon *John Locke* - alors qu'elles étaient peuplées de millions d'Amérindiens qui géraient collectivement leurs ressources naturelles comme de précieux biens communs, à travers des règles non écrites mais extrêmement sophistiquées.

Au Congo et plus généralement en Afrique tropicale, les colonisateurs n'ont pas eu besoin de s'approprier les terres, ils se sont contentés d'extraire de la forêt ce qui représentait pour eux une source prometteuse d'enrichissement : les ressources humaines dont ils ont fait des esclaves et les ressources naturelles comme les bois précieux, le caoutchouc, l'ivoire, etc. et plus tard les minerais, le pétrole…

Plus récemment les agriculteurs modernes ou exploitants agricoles occidentaux ont été soumis à de telles pressions commerciales pour produire des aliments et des matières premières bon marché qu'ils ont été obligés, d'une part de s'approprier et d'accumuler le plus de terres possible – économie d'échelle - et d'autre part de les exploiter sans respecter les cycles naturels et en les contaminant avec des produits chimiques nocifs.

Que ce soit par le biais de la possession ou de l'extraction, le monde occidental « civilisé » ne veut pas se rendre compte qu'il est en train de conduire notre planète à la ruine.

Cependant, de nos jours, commence à émerger l'idée que cette dégradation de la nature ne peut plus durer et qu'il faut faire marche arrière – retour à une période faste ? - pour dans la mesure du possible préserver l'environnement.

Pour ne pas froisser la susceptibilité occidentale, au lieu de parler de retour en arrière en ce qui concerne la relation entre l'homme et la nature – ce qui reviendrait à accepter des leçons que pourraient nous donner des sociétés traditionnelles concernant cette relation -, *Michel Serres* parle de changement de direction afin de laisser le cap imposé par la philosophie de Descartes… et nous prévient : « Voici la bifurcation de l'histoire : ou la mort ou la symbiose ».

Cette symbiose, à savoir cette nécessité de se réconcilier avec la Nature, est heureusement en route et se manifeste par des recherches et des initiatives comme par exemple l'Agro écologie, pratique qui, selon *Pierre Rabhi* et beaucoup d'autres, est fondée sur la coopération homme-nature, soit une alliance avec les forces de la vie.

… versus respect, réciprocité, harmonie

Pour les villageois, bénéficiaires de notre programme, comme pour la plupart des sociétés traditionnelles que l'Occident a qualifié d'animistes, l'homme est un élément, un membre de la nature au même titre que les autres ; il n'est ni meilleur, ni supérieur. Il ne jouit d'aucun privilège, il est comme tous les autres, les animaux, les végétaux, l'eau, le feu, la terre, le vent, etc. Pour lui, tous ces êtres animés ou non animés de la nature – y compris l'homme bien sûr et les divinités - sont des êtres personnifiés qui doivent vivre ensemble en harmonie, comme une relation avec un proche parent, afin que chacun y trouve son compte – une sorte de gagnant-gagnant ou une symbiose, et non pas du gagnant-perdant, du parasitisme, comme l'a appliqué l'Occident - et ce de manière durable car c'est la condition *sine qua non* pour que l'ensemble survive et se reproduise. C'est donc un monde immanent qui n'a rien à voir avec la transcendance du Dieu des civilisations occidentales.

La nature, à savoir pour les villageois congolais, la forêt avec ses arbres, ses fruits, ses animaux, ses rivières, ses marigots et ses hommes ne dépend pas d'un roi, d'un être supérieur qui serait chargé de l'administrer à son goût et pour cela deviendrait propriétaire. La nature est faite de tous et pour tous ces êtres personnifiés qui y vivent. Le concept de propriété privée de la terre n'existe pas, la terre n'est pas appropriable, c'est un bien commun.

Une seule petite famille nucléaire, face au grand nombre et à la diversité de l'ensemble des autres composants de la nature n'aurait pas été capable de vivre en harmonie, de tisser des liens d'empathie et de réciprocité avec tous. Il a donc fallu qu'elles se mettent à plusieurs, qu'elles forment une sorte de groupement de familles qui deviendra par la suite un clan, une ethnie afin d'être à la hauteur de cette cohabitation avec l'ensemble de leurs congénères.

Le rapport de l'homme à la nature n'est donc pas en terme d'exploitation, pour que l'homme, être supérieur, ait le privilège d'accumuler des richesses au dépens des autres « membres » de la nature, mais en terme d'harmonie et de réciprocité entre tous les « membres » de la nature, y compris l'homme et les divinités, afin que chacun puisse y trouver son compte, c'est-à-dire vivre sainement et durablement. N'est-ce pas le « Buen-vivir » - Bon-vivre - que les équatoriens et les boliviens sont en train de remettre à la mode, en incluant les Droits de la Nature dans leur Constitution (2008).

> **Constitution de la République de l'Équateur**
>
> Préambule (extraits)
>
> Nous, femmes et hommes du peuple souverain de l'Équateur...
>
> CÉLÉBRANT la Nature, la *Pacha Mamá*, de laquelle nous faisons partie et qui est vitale pour notre existence ;
>
> Nous décidons de construire une nouvelle forme de convivialité, dans la diversité et l´harmonie avec la Nature, pour atteindre le *buen vivir*, le *sumak kawsay* ; (A. Acosta, 2014)

Par conséquent, pour les villageois « bénéficiaires » de notre Programme et la plupart des sociétés sub-sahariennes, l'héritage, ce qui se transmet de génération en génération ne peut pas être la propriété foncière - personne n'est propriétaire de la terre, ni individuellement ni collectivement - mais le noyau cognitif qui fonde ce vivre en harmonie et qui caractérise la spécificité de chaque ethnie et lui a permis de se maintenir, au cours des années et des siècles, unie et cohérente. La référence du villageois et de sa famille est son appartenance à une ethnie.

Au niveau national, c'est cette tradition, cette conception d'appartenance ethnique qui gère la vie politique. L'histoire a fait que des ethnies distinctes ont été enfermées dans un même pays-nation quand les puissances européennes ont démarqué les limites de leurs colonies.

À ce propos, *Amadou Hampâté Bâ* écrit :

« Le concept de « nation » est un concept moderne, d'importation occidentale. L'Afrique a connu des royaumes, des empires, mais pas de nations au sens géographique et moderne du mot. Les grands ensembles dont on se réclamait et auxquels on se sentait appartenir étaient des ethnies ».

Au Congo, la période coloniale a été relativement courte et, par conséquent, elle n'a pas laissé de classe métisse, classe intermédiaire qui aurait pu prendre le relais des colons, comme cela a été le cas pour les pays latino-américains. Donc, au moment de l'indépendance, tous les congolais quels que soient leur appartenance ethnique et leur lieu de résidence, ont eu les mêmes droits et les mêmes chances pour prendre le pouvoir, laissé vacant par les colonisateurs. Il fallait construire l'État-nation, forger une appartenance territoriale à l'intérieur des frontières définies par les ex-colonisateurs, mais dans les faits, ceux qui ont réussi à prendre les rênes du nouvel État indépendant, ont plutôt cherché à favoriser et consolider leur propre ethnie.

Premier constat : face aux perturbations importantes issues de la décolonisation, la population a préféré conserver et mettre en avant une de ses valeurs fondamentales, cette harmonie, cette solidarité familiale et ethnique. Il faut croire que, pour elle, maintenir son appartenance à une ethnie devait être moins risqué que de se lancer dans l'avenir incertain de devenir citoyenne d'une nation en formation.

Deuxième constat : issue de la forêt, la population a préféré maintenir et adapter sa tradition « cueillette » aux nouvelles circonstances. Chaque ethnie a envoyé dans la forêt « État » des émissaires, des collecteurs pour qu'ils ramènent au village du gibier, des fruits, etc. qui dans ce cas sont des biens matériels et financiers. Comme la forêt naturelle commence à s'éroder par endroit, comme la forêt « État » possède des ressources limitées, il n'est pas étonnant qu'une lutte âpre et violente entre les ethnies soit devenue le dénominateur commun de la vie sociopolitique de ce pays.

En effet, chaque ethnie ou, ce qui revient au même, chaque parti politique dispose de personnes « qui ont réussi » et qui, de ce fait, deviennent des pourvoyeurs de fonds et de biens pour leur ethnie respective. Afin d'être sûr que la source ne se tarisse pas, chacune soutient et cherche à placer ces personnes aux postes de commande de l'État, là où il est plus facile de capter une partie de la manne publique.

D'ailleurs il est très difficile de détecter des différences entre les programmes politiques de la douzaine de partis qui ont une vie organique réelle. Le but de chacun, malgré les discours officiels, est sans doute moins la construction et le développement de l'État-nation que l'obtention d'une « place au soleil » pour contribuer au renforcement de leur ethnie respective. Dans ces conditions de « solidarité ethnique », construire une démocratie, copie conforme du modèle occidental qui se fonde sur l'appartenance territoriale, comme le conseillent chèrement les pays du Nord, n'est sûrement pas la solution.

Pour les villageois, l'approche territoriale, basée sur le foncier comme siège de la production agricole, n'avait aucune chance d'être couronnée de succès. Propriété privée et exploitation de la Nature sont des notions qui ne sont pas en vigueur pour eux. Et ce n'est pas par hasard si la seule réussite du Programme en ce qui concerne la production agricole est la culture du manioc, culture qui est considérée comme une cueillette.

Le projet de Développement fait main basse sur le rôle de la femme

Le corpus cognitif et la tradition des sociétés bénéficiaires concernant leur histoire, leur relation avec la nature, leur appartenance ethnique offre des pratiques, des principes, voire des valeurs qui sont positives et méritent d'être respectées, valorisées et diffusées.

Par contre la tradition de ces mêmes sociétés concernant la situation de la femme heurte profondément notre sensibilité occidentale et nous semble tout à fait insoutenable.

Cette tradition qui est encore pleinement en vigueur, considère la femme comme un être inférieur à l'homme qui doit être totalement à son service. Cette situation est, à nos yeux, incompréhensible car elle entre en complète contradiction avec la tradition de la relation harmonieuse entre tous les êtres personnifiés de la nature. L'homme établit une relation de respect et réciprocité avec les animaux, les végétaux et autres éléments personnifiés de la nature, et avec la femme il fait tout le contraire !

Rappelons quelques normes et coutumes qui, il y a une vingtaine d'années, étaient encore appliquées et maintenaient la femme dans une situation injuste de totale domination.

- Le système de parenté :
Au Congo, selon les ethnies, il existe deux systèmes de parenté : la patrilinéaire qui veut que seuls les hommes transmettent la parenté, les enfants d'une femme ne font pas partie de sa parenté mais de celle de son mari, et la matrilinéaire qui favorise aussi l'homme car le statut social et l'héritage passe non pas d'une femme à ses filles, mais du frère de la femme aux fils de celle-ci, ce qui veut dire que c'est l'oncle qui exerce l'autorité.
- La constitution congolaise autorise l'homme à avoir jusqu'à quatre épouses.
- Les femmes à l'âge adulte sont très majoritairement analphabètes.
- L'application du lévirat : coutume selon laquelle la ou les épouses d'un homme deviennent à sa mort les épouses de son, de ses frères.
- Une société où les femmes sont encore battues, répudiées au bon vouloir de leur mari et même expropriées de tous leurs biens quand elles se retrouvent veuves.

- Une domination de l'homme sur la femme qui se manifeste à travers des violences relatives à la dot, au mariage forcé, aux viols et au recours au viol comme arme de guerre, aux mutilations génitales, à la sorcellerie, au sida...

Pour mettre en œuvre les lignes d'action prévues dans le cadre de notre Programme, nous n'avons pas hésité à bousculer les coutumes, les croyances, les savoirs des bénéficiaires. Nous ne nous sommes pas gênés pour remettre en cause le « noyau cognitif » de ces sociétés traditionnelles. Non seulement nous n'avons pas cherché à le connaître ni à le respecter, mais nous avons imposé, tête baissée, nos principes, nos règles, nos recettes pour atteindre le Développement : nos constructions avec des matériaux nobles, nos formes d'organisation pour obtenir une contribution financière, nos dossiers de création d'entreprise, etc., et plus globalement notre vision linéaire du temps, notre non-respect de l'appartenance ethnique, notre non-prise en compte de leur histoire.

Concernant la situation de la femme, il n'était pas nécessaire de faire de longs diagnostics, pour la connaître et la comprendre. Cette situation de complète domination de l'homme sur la femme saute aux yeux et d'emblée, elle aurait dû être prise en compte dans le cadre de notre Programme. Elle aurait dû nous inciter à prendre des décisions et entreprendre des actions visant à bousculer cette tradition insupportable, comme nous nous sommes permis de le faire pour les trois lignes d'actions choisies.

Pourquoi n'avons-nous rien fait pour contribuer à faire évoluer les mentalités, pour essayer d'améliorer la situation de la femme, pour lui permettre d'avoir un rôle actif dans les changements escomptés par notre Programme ?

Nous avions bien vu, nous nous étions bien rendu compte que, dans la vie de tous les jours d'une famille villageoise, la seule qui travaille et qui fait tout ou presque, c'est la femme, la mère de famille et cela tous les jours de l'année. C'est elle qui va tous les jours de bonne heure planter, biner, récolter le manioc, c'est elle qui ramène de la forêt le bois, les fruits, les feuilles qui permettront de cuire le repas et d'agrémenter le manioc quotidien, c'est elle qui doit transformer et préparer ce même manioc, celui qui sera consommé par la famille et, en plus, celui qui sera vendu aux commerçants-transporteurs, c'est elle qui s'occupe de l'éducation des enfants et de la santé de la famille, c'est elle qui va chercher l'eau à la source aménagée ou pas…

Alors que les seules tâches, qui sont loin d'être quotidiennes, exécutées par les hommes sont les activités de chasse et de pêche, le défrichage des pans de forêt pour que les femmes puissent cultiver, la construction de la maison, la palabre et surtout… la politique.

Le Programme a même contribué à ce que la femme ait encore plus de travail. En effet, avec la réhabilitation des pistes qui facilitait le transport et la vente du manioc, les femmes ont dû consacrer encore plus de temps à cette tâche pénible et laborieuse du rouissage du manioc, étant entendu que cette activité est par tradition attribuée aux femmes et que, par conséquent, les hommes ne peuvent pas les aider, même si celle-ci contribue à améliorer les revenus de la famille.

Ce sont des Congolais, des hommes qui ont réalisé les enquêtes, le diagnostic préliminaire, soi-disant participatif, et comme il se doit, ils se sont adressés aux Chefs « modernes » des villages pour remplir les cases de leurs questionnaires sans sourciller un instant qu'ils avaient affaire seulement à des hommes et que donc ils n'avaient recueilli que le point de vue masculin des besoins et demandes de la population villageoise, soit la moitié des bénéficiaires.

Et si, à l'analyse des résultats des enquêtes, le Programme a retenu la ligne d'action « Amélioration du cadre de vie » - santé, éducation, aménagement de sources - ce n'est pas vraiment à la demande des femmes qui n'ont pas été consultées, mais par pure logique intellectuelle : si on veut éviter l'exode rural, il faut offrir à la population locale de meilleures conditions de vie sur place.

Par la suite, en ce qui concerne la prise de décision et l'exécution des activités à réaliser dont la grande majorité avait comme protagoniste principal la femme, celle-ci n'a pas été consultée car pour le Programme, le seul interlocuteur valide et « de confiance » est l'homme.

Les femmes n'avaient-elles rien à dire concernant la santé et l'éducation des enfants ? N'avaient-elles pas d'idées sur le type d'aménagement des sources où elles allaient puiser de l'eau tous les jours ? N'avaient-elles rien à proposer pour améliorer et diversifier la production d'aliments pour la famille ?

Il est vrai que, lors des assemblées générales des villages ou inter-villageoises, destinées à se mettre d'accord sur les activités à réaliser et la programmation de leur exécution, les femmes pouvaient y participer. Cependant, elles avaient souvent du mal à prendre la parole et à s'exprimer en *lingala,* et en général, les directeurs des débats – des hommes, bien sûr - ne faisaient pas grand cas de leur opinion si celle-ci n'allait pas dans le bon sens, le leur !

Par conséquent, pour exécuter et faire exécuter toutes les activités programmées, les seuls interlocuteurs des experts du Programmes ont été exclusivement des hommes, même si ces derniers faisaient appel aux femmes comme subalternes pour certaines activités pénibles.

Notre Programme n'a pas pris en compte les femmes et leur rôle protagoniste en ce qui concerne la subsistance et reproduction des sociétés bénéficiaires. Il a voulu proposer, voire imposer des changements en négligeant l'acteur principal, les femmes.

Ne serait-ce pas une raison de plus qui expliquerait l'échec de notre Programme ?

Mais le monde se globalise et tôt ou tard ces villageois devront accepter d'y entrer et d'y participer.

Et pour cela, pour cette mise en relation entre ces deux mondes, le traditionnel et le moderne, existe-t-il des alternatives à nos projets de développement ?

CHAPITRE 6

PROJET DE DÉVELOPPEMENT VERSUS OPPORTUNITÉS DE DÉSENROULEMENT[3]

Opportunités de désenroulement

Le monde bouge, tout est interconnecté. Les populations, les civilisations, même celles qui sont perdues au fin fond de la forêt tropicale, ne peuvent plus continuer à tourner le dos à ce qui se passe autour d'elles, elles doivent ou vont devoir passer d'une situation de résistance, de repli autour de leurs fondements identitaires à une situation d'ouverture vis-à-vis de ce monde qui bouge, qui se globalise.

Mais faut-il pour autant qu'elles renient leur histoire - même ancienne -, qu'elles adoptent la vision linéaire du temps, si chère au monde occidental, qu'elles oublient leur manière de vivre avec la nature ? Faut-il qu'elles rejettent leur noyau cognitif propre ? Faut-il qu'elles acceptent de participer aux multiples projets dits de développement que lui parachute le Nord ? N'ont-elles pas raison de refuser le « Développement » ?

Pour relativiser ces questions et essayer d'y apporter des réponses, je ne peux m'empêcher de transcrire ce beau

---

[3] Il faudrait écrire « déploiement », mais le terme inventé « désenroulement » (desarrollar en espagnol) illustre mieux notre réflexion

dialogue entre Ta Lukeni, un sage Congolais et, le jeune Mankunku, tiré d'un livre d'Emmanuel Dongala[4].

- Et puis il faut le croire, sinon que deviendrait le clan ? Quel lien commun nous unirait ? Sans respect des anciens, qui se rappellerait de notre passé, de notre histoire ? Saurais-tu aujourd'hui que nos arrière-grands-parents venaient de Kongo dia Ntotila ? Qui s'occuperait de nous, les vieux ?... Tout se tient mon enfant.

- Je suis d'accord. Mais entre préserver ce qui nous est commun et se soumettre aveuglément à des ancêtres morts depuis longtemps, il y a quand même une grande marge.

Les ancêtres ne peuvent pas avoir tout connu, je me sens à l'étroit, Ta Lukeni, je veux bouger, je veux de l'espace... Est-il mauvais d'ajouter d'autres connaissances à celles laissées par les aïeux ?... Qu'ils soient notre inspiration d'accord, mais le monde change, tout change !

- Attention ne sois pas présomptueux...

- Il nous faut de nouvelles connaissances ! Il n'est plus suffisant de n'être que le relais des savoirs transmis par les anciens, de n'être que le dépositaire d'un savoir à jamais figé. Il nous faut quitter cette face inerte de la connaissance et rechercher sa face active qui est celle qui consiste à la traquer, à la débusquer où qu'elle se cache !

- La recherche de connaissances ne veut pas dire rompre avec son héritage, mon enfant, tout doit se suivre ; la lune rattrape la lune, le jour rattrape le jour et les saisons les saisons ; tout se suit, tout s'ordonne.

- Oui, mais avant que le jour ne rattrape le jour, il y a la rupture de la nuit qui donne une nouvelle virginité à celui qui se lève.

---

[4] « Le feu des origines », Emmanuel DONGALA, Ed. Albin Michel, Paris, 1987.

- Le jour qui se lève est un jour déjà levé, tout n'est que perpétuel recommencement, tout est cercle parfait.

- Non, Ta Lukeni, le jour qui se lève est un jour qui n'est pas encore levé : c'est un nouveau départ ; tout est perpétuel commencement, tout est un nouveau départ.

« Il nous faut de nouvelles connaissances… ce qui ne veut pas dire rompre avec son héritage. »

Un proverbe africain dit : « L'eau chaude n'oublie jamais qu'elle a été froide… »

Le projet de développement rompt totalement avec le passé, avec l'héritage, avec le noyau cognitif identitaire qui fait la force, donne la sécurité, marque la cohésion et différencie l'ethnie. Il propose un changement là-bas au bout de la ligne droite qui non seulement ne prend pas en compte le passé, mais le rejette d'emblée car il est considéré comme un boulet qui ne permet pas d'avancer. Et chaque pas en avant vers la situation nouvelle supposée meilleure éloigne les villageois bénéficiaires de leur héritage, de ce qu'ils ont de plus cher et de plus sûr, et plus grave encore, il n'y a pas de retour possible.

À quoi vont-ils se raccrocher s'ils n'arrivent pas à atteindre cette situation future supposée meilleure ou si cette dernière ne leur convient pas ? Le risque n'est-il pas trop grand ?

C'est un peu comme si nous demandions à quelqu'un de monter à l'échelle pour atteindre un niveau supérieur dont il n'a aucune idée et qu'au fur à mesure de son ascension, on casse derrière lui les barreaux de l'échelle pour être sûr qu'il ne puisse pas revenir en arrière. Pourquoi « nos bénéficiaires » ne sont-ils pas vraiment enthousiastes pour participer à nos projets et encore moins pour en devenir les principaux protagonistes ? La réponse est évidente…

Le vieux sage Ta Lukeni ne peut pas imaginer autre chose que l'éternel recommencement, le « cercle parfait ». Par contre le jeune Mankunka voudrait ouvrir ce cercle pour y intégrer de nouvelles connaissances et de ce fait le cycle ne reviendrait pas au même point de départ, le cercle ne serait plus parfait, ce serait une spirale, un peu à l'image d'une coquille d'escargot. L'ouverture du cercle qui deviendrait spirale proviendrait alors de l'ajout de connaissances à celles laissés par les aïeux.

Cette incorporation et intégration de connaissances nouvelles devrait provoquer une ouverture, une ampliation, un enrichissement, une sorte de désenroulement du noyau cognitif identitaire.

À l'inverse, en cas d'agressions extérieures qui peuvent avoir des conséquences néfastes sur sa survie, l'ethnie peut alors rentrer dans la coquille et se ressourcer autour de son noyau cognitif originel, de l'essence même de sa spécificité.

Ne pourrait-on pas imaginer que des ethnies, des sociétés traditionnelles qui ont su préserver et maintenir leur spécificité, puissent se prendre en main, puissent reprendre la maîtrise sur le cours de leur existence sans qu'elles soient obligées de passer sous le joug de notre modèle projet ?

Du fait des contraintes historiques et de la globalisation du monde actuel, il est évident que le « cercle parfait », le retour à une période faste telle qu'elle a été vécue il y a des siècles, n'est ni souhaitable, ni possible. Qui plus est, il n'y a aucune raison et ce serait même injuste que ces sociétés traditionnelles ne puissent pas avoir accès et profiter de « connaissances », issues d'autres civilisations, qui pourraient leur être utiles pour atteindre un changement, une situation améliorée de bien-être, de mieux-être, de « Buen-vivir ».

Mais ces connaissances nouvelles issues d'autres cultures ne doivent pas entrer en compétition et prendre la place du noyau cognitif de ces sociétés, elles constituent des opportunités de désenroulement de ce noyau et contribuent à son enrichissement.

Si cette alternative au modèle « Projet de développement » qu'on pourrait qualifier d'« Opportunités de désenroulement », existe, elle supposerait les préalables suivants :

- que le noyau cognitif originel ne soit plus bafoué, méprisé, ridiculisé par les autres civilisations, en particulier le monde occidental, et que l'ethnie porteuse de ce noyau en soit fière et puisse le valoriser et le diffuser ;

- que tout changement ait comme référence, comme fondement, comme inspiration l'héritage, le noyau cognitif de l'ethnie ; concrètement que ce soient les anciens, les premiers consultés concernant « la connaissance nouvelle » ;

- que s'établisse un processus de va-et-vient constant, une sorte de dialogue entre le noyau originel et « la connaissance nouvelle » afin de l'évaluer avant de décider si elle peut être adoptée ou non.

Une fois encore, il ne s'agit pas de remplacer les contenus du noyau cognitif, les fondements identitaires par de nouvelles connaissances venues d'ailleurs, mais de débusquer, trier et adopter celles qui vont permettre d'amplifier et de désenrouler le noyau originel, en l'enrichissant.

Le modèle « Projet de développement » tel que présenté ici tue les initiatives des pseudo bénéficiaires et les enferme dans l'atteinte de pseudo objectifs, il impose un changement qui n'est pas choisi par ces mêmes bénéficiaires et en plus il colporte un kit complet d'un type de développement qui se veut universel et suppose l'adhésion de ces derniers à des concepts sociaux, politiques, culturels, religieux, philosophiques complètement différents.

L'idée de désenroulement repose sur les capacités des sociétés traditionnelles à saisir les opportunités pour débusquer, tester et adopter de nouvelles connaissances, issues d'autres civilisations, qui ne remettent pas en cause leur noyau cognitif, leur identité et soient bénéfiques pour elles.

Cette idée de désenroulement s'inspire des propositions suivantes :

Le désenveloppement

Serge Latouche 2007

« Les sociétés du Sud pourraient ou devraient, s'il en est temps encore, se **désenvelopper,** c'est-à-dire se délivrer des obstacles sur leur chemin pour se réaliser autrement...

Pour devenir l'acteur de son destin, il faut d'abord être soi-même et non le reflet captif de l'autre. Les racines ne sont pas à cultiver pour elles-mêmes, dans une rumination passéiste de la grandeur perdue, mais sont indispensables dans la perspective d'un nouveau départ...

Et ce nouveau départ suppose de : Rompre avec la dépendance économique et culturelle vis-à-vis du Nord, Renouer avec le fil d'une histoire interrompue par la colonisation, le développement et la mondialisation, Retrouver et se réapproprier une identité culturelle propre, Réintroduire les produits spécifiques oubliés ou abandonnés et les valeurs liées au passé de ces pays, Récupérer les techniques et savoir-faire traditionnels ».

L'enveloppement

Edgar Morin 2011

« L'orientation développement/**enveloppement** signifie que l'objectif n'est plus fondamentalement le développement des biens matériels, de l'efficacité, de la rentabilité, du calculable ; il est aussi le **retour** de chacun sur ses besoins intérieurs, la stimulation des aptitudes à comprendre autrui, prochain et lointain, le retour au temps long de son rythme intérieur, non haché et non strictement chronométré.

L'**enveloppement** signifie le maintien de l'insertion dans sa culture, ses communautés, le primat de la qualité poétique du vivre.

Le développement ignore les solidarités, les savoirs et savoir-faire des sociétés traditionnelles, et il faut repenser et diversifier le développement de façon à ce qu'il préserve les solidarités propres aux **enveloppements** communautaires.

Le développement favorise l'individualisme ; l'**enveloppement** favorise la communauté.

Ces opportunités de désenroulement ne naissent pas de l'intérieur des sociétés traditionnelles – ce serait un enfermement sur elles-mêmes -, ni de l'extérieur – ce serait un transfert du type projet - mais à l'interface des deux, dans la rencontre entre ces sociétés et d'autres civilisations. Et cette rencontre suppose tolérance, respect, dialogue, empathie, réciprocité…

L'échange réciproque de savoirs

« Pour qu'une culture existe, il faut qu'il y en ait au moins deux, car la culture ne se définit jamais que relativement. Elle se construit par assimilation des apports extérieurs et par différenciation par rapport aux autres cultures… En demandant à l'*autre* Afrique de nous aider à résoudre nos problèmes, nous la reconnaîtrions comme un partenaire authentique ; c'est ainsi que nous pouvons le mieux contribuer à la renforcer ». (*Serge Latouche, 2007*)

« Le droit de chacun à sa culture et le droit qu'elle soit considérée par les autres comme une réalité à respecter, c'est ce qui permet à la coexistence des cultures de créer autre chose que la confrontation. » (*Frédéric Lenoir, 2012*)

Dans le cas présent, les deux groupes de protagonistes qui seraient appelés à se rencontrer sont d'une part, des sociétés traditionnelles, des peuples indigènes, des populations originaires, etc. [5] et d'autre part, des sociétés modernes occidentales.

Deux partenaires qui accepteraient de se situer sur un pied d'égalité afin de tisser une relation sur la base d'un respect mutuel et en termes d'interaction et de réciprocité.

---

[5] De l'Afrique noire mais aussi des Andes où j'ai vécu et travaillé plusieurs années.

Malheureusement, l'histoire n'a pas été écrite de cette manière.

Si les conquérants, colonisateurs et autres envahisseurs, au lieu de considérer l'« objet » de leur découverte comme un sauvage, avaient adopté l'attitude de voir en lui, une personne civilisée mais différente, notre planète n'en serait sans doute pas là.

Si par la suite, la relation entre le découvreur et le découvert s'était fondée sur le respect de l'un envers l'autre, sur la tolérance et l'empathie entre les deux, peut être que l'occidental aurait saisi l'opportunité pour sélectionner et adopter de « nouvelles connaissances », celles qu'il aurait estimées utiles et bénéfiques pour lui, au lieu de lui imposer sa civilisation, son Développement.

Mais pour cela il aurait bien sûr fallu que la motivation et l'objectif principal de sa démarche soit autre que la cupidité et l'accumulation de richesses.

Grosso modo le monde occidental ne semble pas supporter la différence, il se croit supérieur car, du fait de son origine judéo-chrétienne monothéiste, il est convaincu que c'est lui qui possède la Vérité, et depuis ses découvertes et ses conquêtes, il n'a eu d'autres objectifs que de l'imposer à tous.

Et sa vérité repose sur l'Individu – le Roi de la création -, sa vie, sa survie, sa santé, sa longévité, son confort, son bien-être matériel, en un mot : son « bonheur ».

Le monde occidental a donc un comportement impérialiste et de ce fait il cherche à uniformiser la planète ; tous doivent vivre, croire, parler, penser de la même manière. Tous doivent avoir le même idéal qui se résume en un seul verbe : « Avoir », posséder et consommer les biens matériels nécessaires à la conquête d'un soi-disant bonheur personnel, ce que le monde occidental entend par le Développement.

Mais dans cette course vers le bonheur, cette satisfaction matérielle, cette recherche effrénée du profit, chaque individu doit se débrouiller seul et du fait de la concurrence, compétition, compétitivité et des ressources planétaires limitées, seule une infime minorité de la population a pu atteindre cet objectif de devenir toujours plus riche. L'écart avec l'immense majorité qui est restée pauvre ou s'est appauvrie, se creuse inexorablement.

Cependant « ceux du milieu » maintiennent l'espoir, l'idéal de passer du côté des riches ; on dit maintenant « émerger » tant pour les personnes que pour les pays. L'immense majorité de ce « centre » n'y arrivera pas et deviendra de plus en plus pauvre, mais certains, en désespoir de cause utiliseront tous les moyens possibles pour y arriver, moyens qui sont non seulement contestables comme la spéculation des marchés financiers, l'extraction des ressources naturelles, l'exploitation de la main d'œuvre, etc., mais souvent illicites comme les délinquances de toute sorte, les détournements de fonds, la corruption, les trafics illégaux de drogues, d'armes, de personnes, etc. ; et malheureusement, ces derniers prennent chaque fois plus d'ampleur car ils sont en général très performants et bien plus efficaces pour passer rapidement et sans trop d'efforts, du côté des riches.

L'avenir de la planète et de l'humanité ne passe pas par l'uniformité. La crise actuelle de son modèle de Développement devrait inciter l'Occident à changer de direction. Elle lui offre l'opportunité de redécouvrir l'« Autre », de respecter sa différence et d'avoir l'humilité de reconnaître qu'il pourrait avoir besoin de « nouvelles connaissances », issues d'ailleurs… et en particulier des sociétés qui n'ont pas encore été uniformisées ou ce qui revient au même, occidentalisées.

Pourquoi, à l'image des sociétés traditionnelles, la société occidentale ne pourrait-elle pas, non pas redevenir « traditionnelle » ce qui n'aurait pas de sens, mais se désenrouler en intégrant de « nouvelles connaissances » issues d'ailleurs, et en particulier des sociétés qui ne sont pas encore complétement polluées par son modèle de Développement.

Osons l'image suivante :

La coopération a presque toujours considéré l'« Autre », les bénéficiaires de ses projets comme de pauvres ignorants, une sorte de verre vide qu'il suffirait de remplir avec des techniques modernes, des formes d'organisations efficaces, des performances économiques, des intégrations au marché...

Mais le verre n'est pas vide ! Il est plein de pratiques, de savoirs, de coutumes, de valeurs... qui proviennent d'une source bien différente de savoirs et qui, par conséquent, a été invisible et négligée par les occidentaux. Et quand les experts de cette coopération ont voulu verser leurs connaissances modernes dans le verre plein, tout a débordé et s'est perdu, sauf peut-être en surface où grâce aux remous quelques gouttes ont peut-être pu pénétrer.

Au lieu du verre, il serait plus judicieux de prendre l'image de vases communicants. Si on veut introduire de nouvelles connaissances dans un des vases - la société traditionnelle - il faudrait que la même quantité de connaissances soit extraite de l'autre vase pour qu'elle ne déborde pas, autrement dit que le monde occidental reçoive ces connaissances et réciproquement. Et dans ce cas la coopération ne serait pas vaine car elle se ferait dans les deux sens ; co-opérer ne signifie-t-il pas « opérer ensemble » ?

Moussa Konaté propose cette belle phrase : « Intégrer les congolais au sein d'un sentiment d'identité, d'orgueil et de renforcement de leur conviction qu'à travers de ce qui leur est propre ils peuvent séduire le monde avec leur culture. »

Face aux grands enjeux de l'humanité - énergétiques, environnementaux, écart entre riches et pauvres, enjeux de civilisation...-, alors que le monde dit développé, à force de courir vers un bonheur aussi dérisoire qu'hypothétique, ne sait plus à quel saint se vouer, certaines sociétés traditionnelles ne pourraient-elles avoir un rôle à jouer ?

Mais quelle profondeur devra atteindre la crise actuelle que traverse l'Occident pour que ce dernier laisse de côté son orgueil, son arrogance et commence à reconnaître qu'il est bien malade et qu'il aurait peut-être besoin d'aide, lui qui s'est toujours érigé comme le tout-puissant, qui a pour mission de sauver le monde ?

À l'inverse, les sociétés traditionnelles qui ont toujours été considérées comme étant tout juste bonnes à recevoir du bienfaiteur occidental, qui ont toujours été placées sous la domination de celui qui donne – « La main qui donne est au-dessus de celle qui reçoit » - ne pourraient-elles pas changer de camp et s'affirmer à leur tour comme bienfaitrices ?

Elles pourraient enfin lever la tête et établir avec l'Occident une rencontre, une interface, une relation de réciprocité au sein de laquelle chacun est capable de donner et de recevoir l'un de l'autre.

Chaque partie pourrait se créer des opportunités de désenroulement, en puisant chez l'autre des connaissances nouvelles qui lui seraient utiles pour enrichir leurs corpus cognitifs respectifs.

Comme c'est le cas pour les sociétés traditionnelles, l'Occident devrait lui aussi créer les capacités à saisir les opportunités pour débusquer de « nouvelles connaissances » au sein d'autres civilisations afin d'adopter celles dont il aurait besoin pour se guérir.

Cette idée est exprimée de manière beaucoup plus élégante par des grands maîtres et des penseurs contemporains :

Edgar Morin : « Une politique de l'humanité serait la symbiose entre ce qu'il y a de meilleur dans la civilisation occidentale et les apports extrêmement riches des autres civilisations ; en ce sens, elle serait génératrice de la nouvelle civilisation. La politique de l'humanité est une politique de symbioses planétaires : elle prône le grand rendez-vous du donner et du recevoir. »

Léopold Sédar Senghor : « La civilisation planétaire devrait être celle du donner et du recevoir ».

Frédéric Lenoir : « Tout en reconnaissant les différences fondamentales entre la science et la tradition, nous constatons non pas leur opposition, mais leur complémentarité. La rencontre inattendue et enrichissante entre la science et les différentes traditions du monde permet de penser à l'apparition d'une vision nouvelle de l'humanité, voire d'une nouvelle rationalité qui pourrait conduire à une nouvelle perspective métaphysique ».

Sabine Rabourdin : « Les enseignements que les peuples modernes pourraient tirer des peuples traditionnels n'ont pas pour principe de les conduire à (re) devenir traditionnels. Ce serait aussi chimérique qu'absurde. Il ne s'agit pas de dire adieu à tous les bienfaits du monde industrialisé. Pour tirer un enseignement des peuples traditionnels, il faut d'abord que les peuples modernes « apprennent à apprendre » des autres. Cela impose qu'ils changent de regard ».

Gilles Luquet : « Notre tradition bien-pensante nous a inculqué l'idée que nous devons aider les pays du Sud, mais ne seraient-ils pas en mesure de nous aider bien mieux que l'inverse ? »

Serge Latouche : « Il ne s'agit pas d'imaginer une culture de l'universel, qui n'existe pas, il s'agit de conserver suffisamment de distance critique pour que la culture de l'autre donne du sens à la nôtre ».

La Commission d'Articulation Internationale de la Théologie Indienne Maya (Alessandro Lupo, in Modernidades indígenas, 2012) : « Les peuples indigènes, non seulement de l'Amérique latine sinon du monde entier… nous ne sommes plus considérés maintenant comme les responsables du retard de l'avènement de la modernité ; sinon comme une référence importante pour la construction de propositions alternatives qui nous projettent tous au-delà de cette modernité inhumaine. Les indiens nous ne sommes plus le problème, nous sommes la solution ».

Quelques préalables aux éventuels « transferts » du Sud vers le Nord

On connait relativement bien ce que l'Occident a apporté aux sociétés traditionnelles car cela fait des décennies que la relation entre les deux s'est établie en termes de transfert du modèle occidental du Développement. Cependant, il est vrai qu'on connait très peu ce qui, dans ce flux Nord-Sud, a finalement été vraiment bénéfique du point de vue des populations de ces sociétés. Il faut bien reconnaître qu'en général, les évaluations des interventions du Nord vers le Sud se sont plutôt intéressées à l'atteinte des objectifs escomptés mais pas forcément à la situation « nouvelle » des bénéficiaires qu'aurait pu générer la dite intervention. Ce serait, en fait, aux populations « bénéficiaires » de faire le bilan et de faire connaître ce qu'elles ont retenu et finalement adopté de ce flux du Nord et, en outre, il faudrait que l'Occident veuille bien les écouter !

Dans l'autre sens, on connait parfaitement ce que l'Afrique a apporté à l'Occident, ou plutôt ce que ce dernier est venu puiser ou spolier car l'aide au Développement des pays pauvres a souvent été contrebalancée par des flux allant du Sud vers le Nord que ce soit en termes de matières premières, de main d'œuvre, de minerais, de produits tropicaux ou de remboursement de dettes…

Mais au-delà de tout ça, sait-on ce que les sociétés traditionnelles, celles qui ont résisté, qui sont réfractaires au Développement occidental et qui sont bien vivantes dans l'Afrique des savanes, des forêts, des villages et dans l'Amérique profonde des peuples indigènes amérindiens, pourraient bien apporter comme « connaissances nouvelles » aux sociétés modernes des pays « sur-développés », pour les aider à sortir de la crise en amorçant une « bifurcation de l'histoire », comme l'écrit *Michel Serres,* c'est-à-dire en inventant des alternatives au Développement ?

Voici trois exemples très concrets d'expériences récentes qui, en principe, devaient aller dans le sens d'une « connaissance nouvelle » qui provient du Sud pour être adoptée au Nord :

Lors d'une Rencontre Nationale du CCFD (Comité Catholique contre la Faim et pour le Développement) en 1995, au cours d'une grande messe solennelle à laquelle participaient plus de 2000 délégués des Comités diocésains, c'est-à-dire des militants qui, par leurs dons généreux et réguliers, étaient convaincus qu'ils contribuaient à aider les « pauvres » des « pays sous-développés » à s'en sortir, Mgr. l'Evêque Albert Rouet qui officiait la célébration déclare sans sourciller, au cours de son homélie :

- « Le riche est celui qui n'a rien à recevoir. Le pauvre, celui qui ne peut rien donner. C'est donc entretenir la misère que, même en donnant, de ne rien recevoir »

Il est probable que si tous ces militants n'étaient pas en train de participer à un office religieux, ils auraient réagi avec véhémence et ne se seraient pas laisser dire.

Par la suite, lors de conversations informelles, il était manifeste que la majorité des militants n'avait pas compris le message. Pour eux qui sont plutôt riches, aider c'est donner de l'argent. Pourquoi recevraient-ils de l'argent de pauvres du Sud : d'une part ils n'en ont pas et d'autre part, eux, ils n'ont pas besoin de cet argent.

Il faut croire que, même pour ces personnes militantes et éclairées, « développement » était encore synonyme d'« Avoir ». Ils ne pouvaient pas imaginer de pouvoir recevoir autre chose que de l'argent, du matériel.

Trois ans plus tard, dans le cadre du Réseau Réciprocité des Relations Nord-Sud de Montpellier, un groupe de personnes - étudiants africains, ex-coopérants, animateurs sociaux, etc. - a pris l'initiative de recueillir des savoirs créés et appliqués dans des pays du Sud qui ont été reproduits presque tels quels en France. Ces expériences qui pouvaient être des pratiques sociales - médecine naturelle, tontines, conseil des anciens…-, des techniques - mamans kangourous, vélo-taxi, culture sans labour, lombrics sans frontières…-, des méthodes - diagnostic participatif, pédagogie interactive…- ont fait l'objet d'une publication (*Réseau Réciprocité des Relations Nord-Sud, 1999*) qui n'a pas été, et de loin, un best-seller ! Sans doute parce qu'il s'agissait de savoirs qui ont été adoptés en France un peu par hasard, du fait de l'initiative de leurs promoteurs respectifs, ou de savoirs qui ne répondaient pas forcement à une attente et qui, en général, existaient déjà sous une forme similaire. Cependant comme le montre l'extrait suivant, les intentions étaient bonnes !

Extrait de l'introduction

Savoir du Sud, connaissances scientifiques et pratiques sociales :

ce que nous devons aux pays du Sud.

Les échanges de savoirs et d'expériences dans le sens Sud-Nord bousculent les préjugés qui attribuent aux pays du Nord les compétences et à ceux du Sud des besoins. Ils vont à l'envers du sens habituel de la coopération scientifique et technique, mais pas à l'envers du sens de l'histoire, car nombreux ont été par le passé les cas de pratiques et de savoirs du Sud qui ont irrigués las pays du Nord que ce soit dans le domaine culturel et ludique, dans celui des pratiques sociales et de l'économie, de l'architecture et de la médecine.

La négation des compétences des pays du Sud et l'oubli de leurs contributions à notre histoire sont des avatars de la colonisation.

Pour les acteurs de la coopération des pays du Nord, la reconnaissance des savoirs et des capacités des pays du Sud est un préalable indispensable à une relation réciproque, c'est-à-dire où chacun donne et reçoit à la fois, où personne ne domine l'autre, où la dignité de chacun est préservée.

Voyageurs, coopérants, migrants et autres passeurs de frontières : à vous de jouer…

À peu près à cette époque, il se trouvait qu'en France, les Houillères de Lorraine et de Saint-Etienne d'une part, et au Pérou le Complexe Sidérurgique de La Oroya d'autre part, subissaient les mêmes effets du mal développement du système économique occidental : banqueroute, reconversion, licenciement du personnel, etc. Le CCFD a eu l'idée d'organiser des « voyages d'immersion » pour que des lorrains et des stéphanois directement impliqués dans cette crise de l'exploitation minière puissent aller au Pérou pour observer et discuter sur place avec leurs homologues péruviens des solutions ou alternatives adoptées pour pallier la crise. Et réciproquement des mineurs péruviens sont venus en France pour voir les solutions adoptées par les mineurs lorrains et stéphanois.

Bien que s'inspirant du principe qui nous intéresse, à savoir que chaque partie puisse connaitre et le cas-échéant appliquer des « connaissances nouvelles » issues de l'autre, cette opportunité de désenroulement ne pouvait guère amorcer une « bifurcation de l'histoire » car, des deux côtés, elle ne remettait pas en cause le Développement occidental et ne faisait qu'essayer de remédier des défaillances de ce dernier.

Bref, aucune de ces expériences ne donne une réponse satisfaisante à notre question :

Que peuvent bien apporter les sociétés traditionnelles aux sociétés modernes pour les aider à changer de direction ?

D'ores et déjà, on peut imaginer quelques caractéristiques de ce qui serait à même transiter du Sud vers le Nord :

- Ce ne sont pas des biens matériels, des matières premières, des produits agricoles, des produits manufacturés, ni de l'argent, ni des fonds, ni des prêts, etc. ; ce type de transfert ne ferait que renforcer le système, fondé sur l'« Avoir », au lieu de contribuer à le remplacer par une alternative au Développement.

Pour preuve, voici un exemple concret et récent, pris dans un autre continent, plus précisément au Pérou et en Bolivie :

Le cas de la quinua

Actuellement, on crie victoire car enfin les petits producteurs agricoles du Sud semblent s'en sortir. En effet, grâce aux Traités de Libre Echange, ces derniers réussissent à exporter vers le Nord des productions locales et elles s'enrichissent ce qui, à première vue, est louable.

Cependant cette intégration au marché international est-elle vraiment bénéfique pour ces petits producteurs ?

Prenons le cas des petits producteurs des Hauts-plateaux du Pérou et de la Bolivie : grâce à l'exportation de la quinua, ils obtiennent des revenus dont ils ne pouvaient même pas imaginer le montant, et forcément ils prennent goût au Développement occidental fondé sur l'« Avoir ». Du coup pour gagner plus, non seulement ils exportent toute la production, mais ils se spécialisent dans cette culture de rente aux dépens des cultures vivrières et leurs enfants ne mangent plus de la quinua, mais des pâtes qui sont évidemment bien moins nutritives ! Et de même, les populations urbaines de ces pays ne mangent plus de quinua car le prix du kilo sur le marché national est le même que celui du kilo exporté, c'est-à-dire quatre à cinq fois supérieur á ce qu'il était avant cette « réussite » de la coopération… et du système fondé sur le libre-échange.

Cependant, concernant les biens matériels, il faut signaler quelques exceptions comme certains produits agro-alimentaires qu'on pourrait qualifier d'exotiques. Par exemple au Pérou : le café, le cacao, l'avocat, la banane organique, la tara… font actuellement l'objet d'exportations non négligeables vers les pays développés tant occidentaux qu'orientaux, ce qui procure des revenus complémentaires conséquents aux familles paysannes.

Cette exception pourrait être acceptable dans la mesure où, d'une part, la mise en culture de ces productions ne déplace pas les productions vivrières - cf. exemple de la quinua ci-dessus - qui assurent la sécurité alimentaire des familles paysannes et des pays concernés et, d'autre part, que les paysans soient organisés en coopérative ou groupement de producteurs pour la commercialisation afin de gérer une répartition équitable des revenus obtenus.

- Ce seraient donc plutôt des « biens » immatériels non marchands tels que des savoirs, des expériences, des pratiques, des valeurs, des principes, des comportements, etc. ; des « biens » qui ne vont pas dans le sens du « toujours plus », mais qui peuvent inviter et inciter à un changement de direction vers un « mieux-être ».

- En outre, ces « biens » immatériels doivent être utiles et adoptés comme pouvant offrir des réponses appropriées à des demandes, en particulier celles qui sont liées à la recherche et mise en œuvre d'initiatives citoyennes, d'expérimentations locales ou d'innovations sociales qui, tant au Nord qu'au Sud, contribuent à changer le cap vers un autre développement.

Rappelons que le socle du modèle de Développement occidental qui se veut universel, se résume au verbe « Avoir ». Les puissants de ce monde ont diffusé et généralisé l'idée que le bonheur de l'homme n'est possible qu'à travers la consommation et/ou l'acquisition de tout ce qu'il désire et dont il a plus ou moins besoin. Pour devenir de plus en plus riche cette infime minorité qui mène le monde, a besoin de produire toujours plus – la fameuse croissance - et donc d'amplifier le marché en créant, via la publicité, toujours plus de besoins factices au sein de la population.

Leonardo Boff : « Une terre finie peut-elle supporter un projet infini ? »

Cet engouement pour le « toujours plus », cette convoitise pour « avoir » autant ou plus que l'autre, cette obsession pour « paraître » un nouveau riche, cette idée prônée par les puissants de ce monde que seule la croissance économique continue permettra d'atteindre le Développement, le progrès, le bonheur de tous, etc., provoquent une compétition effrénée et malsaine qui a des conséquences néfastes et souvent irréversibles sur l'être humain, les sociétés et le milieu naturel.

« Notre système planétaire est condamné à la mort ou à la métamorphose »,

« Mort ou bifurcation », nous dit *Edgar Morin,*

« Changer pour ne pas disparaître », nous dit *Pierre Rabhi*

Il faut changer de cap, il faut mettre en œuvre non pas un développement alternatif mais des alternatives au Développement, d'autre modèles de développement totalement différents, modèles qui devraient non plus se fonder sur l'« Avoir », sur l'argent, sur le profit, sur la compétition, mais sur l'« Être », sur la personne, sur l'humain, sur la coopération (la vraie !).

Or il se trouve que des sociétés traditionnelles – la mémoire en quelque sorte - ont su résister au Développement et à la civilisation de l'« Avoir » pour maintenir des formes de vie, de sociétés, de cultures qui justement sont fondées sur l'« Être ».

Gustavo Esteva l'exprime de la manière suivante :

« Il est clair qu'actuellement nous ne sommes pas devant un autre cycle économique, sinon en un point de flexion, dans un virage. Mais la direction de ce changement n'est pas écrite dans les étoiles et pour débroussailler le chemin à suivre il faut faire appel à la mémoire ».

Sans renier les acquis de la civilisation occidentale, sans rejeter les succès de sa science et de ses techniques, des groupes sociaux, des mouvements citoyens, des associations, etc., au Nord comme au Sud, en recherche d'alternatives, devraient pouvoir saisir les opportunités pour incorporer à leur vie, fondée sur le confort matériel et l'« Avoir », de nouvelles connaissances immatérielles issues des sociétés traditionnelles pour essayer d'améliorer leur « Être » et de redonner un sens à leur vie.

Et pour faire bref, « Être » pourrait se définir comme vivre en harmonie avec soi-même, avec les autres, avec les environnements naturel et surnaturel.

Et concrètement, quelles « connaissances nouvelles » issues des sociétés traditionnelles ou des peuples indigènes pourraient être utiles et prises en compte – opportunités de désenroulement – par des initiatives citoyennes et des expérimentations locales tant au Nord qu'au Sud afin de contribuer à la bifurcation et au changement vers des alternatives au Développement.

CHAPITRE 7

LES PAYS « SUR-DÉVELOPPÉS » ONT BESOIN D'AIDE POUR CHANGER DE CAP

Des savoirs issus de sociétés traditionnelles qui pourraient être utiles aux pays « sur-développés »

Les nombreuses connaissances traditionnelles qui pourraient intéresser, être utiles à l'Occident et l'aider à changer de direction peuvent se décliner en plusieurs grands ensembles : la relation Homme-Nature, la gestion de biens communs, les valeurs, le comportement socio-économique, le système de pensée et la notion de bonheur.

Rappelons qu'il ne s'agirait pas d'un transfert inversé du genre projet de Développement que se ferait maintenant du Sud vers le Nord, mais d'un désenroulement du noyau cognitif de l'Occident, et en particulier sa rationalité scientifique, son modèle économique néolibéral, sa dévotion pour le Marché, sa compétitivité, sa croissance, sa notion du bonheur, etc., afin d'y intégrer des connaissances issues de cultures traditionnelles du Sud qui pourraient contribuer à un changement de cap et, espérons-le, sauver la planète.

Signalons aussi que la priorité est donnée aux connaissances issues de cultures traditionnelles du Sud car comme elles ont le mérite d'exister en vraie nature – elles sont « modernes » et « vivantes » -, elles peuvent être observées, analysées et le cas-échéant reproduites et adoptées. Cependant il ne faut pas faire l'impasse sur une autre source possible de connaissances traditionnelles qui est l'histoire ancienne propre de l'Occident avant la généralisation de sa civilisation de l'« Avoir ».

La relation Homme-Nature

Voici un exemple de comment une société traditionnelle voit son monde :

> **Une cosmovision traditionnelle qui est toujours en vigueur**
>
> Pour la cosmovision andine, la nature entière, c'est-à-dire le monde, le cosmos se conçoit comme un être vivant, un organisme. Il s'agit d'un monde-animal qui contient en son sein tout ce qui existe et, à la fois, tout est vivant. Pour cette conception non seulement les êtres vivants les hommes, les animaux et les plantes mais aussi les sols, les eaux, les rivières, les vallées, les sommets, les pierres, les vents, les nuages, les pluies, les bois et tout ce qui existe, tout forme une fraternité du fait fondamental de partager, depuis toujours et pour toujours les attributs propres de la vie, la vitalité.
>
> Vivre dans ce monde vivant veut dire dialoguer, réciproquer, c'est l'empathie totale : un continuel « être d'accord » avec tous ces « autres êtres vivants » qui sont nos frères et qui, d'une manière ou d'une autre, sont affectés par chacun de nos actes.
>
> Il n'existe pas de séparation entre société et nature sinon que l'homme se sait membre de la nature et pas le membre le plus important seulement un membre de plus. Il n'y a pas non plus de séparation entre nature et divinités. Société, nature et divinités sont les membres de la « collectivité naturelle » et aucun des membres n'est autosuffisant sinon qu'il a besoin des autres pour sa propre existence *(Eduardo Grillo, 1996)*

Une première conséquence de ce genre de cosmovision est qu'il s'agit d'un monde immanent, un monde qui contient tout et où société, nature et divinités sont ensemble pour le meilleur et pour le pire. Il n'y a pas d'autre issue comme c'est le cas pour diverses traditions du monde occidental qui, du fait de leur transcendance, offrent l'espérance d'un monde meilleur dans l'au-delà.

Pour les sociétés traditionnelles, il ne faut pas attendre d'aller au paradis pour être heureux, il faut chercher à l'être ici et maintenant, de là leur préoccupation pour le Bien-être, le *Buen-Vivir* et pour la reproduction durable de leur monde… parce qu'il n'y en a pas d'autre !

Pour cela, dans le cas des sociétés andines quechuas et aymaras, la société des êtres humains s'est organisée en *ayllu* qui est une forme de communauté familiale élargie qui travaille de manière collective – *minka* - et d'entraide réciproque – *ayni* – un territoire commun au sein duquel tous, y compris la veuve et l'orphelin, puissent non seulement vivre décemment, mais aussi atteindre un bien-être, une certaine forme de bonheur qui, bien sûr, ne repose ni sur l'accumulation de richesses matérielles, ni sur le pouvoir.

Il en est de même pour les sociétés congolaises qui s'organisent en communautés familiales élargies, les ethnies, pour pouvoir entrer en empathie avec la nature et les ancêtres.

L'autre conséquence de cette cosmovision est de reconnaître que toutes traditionnelles qu'elles sont, ces sociétés ont su inventer avant le monde moderne occidental, une « science » moderne, l'écologie.

Ne serait-ce pas un bon exemple d'une relation Homme-Nature qui pourrait donner des idées à l'Occident afin qu'il puisse commencer à considérer la Nature autrement qu'un gisement de ressources inertes à épuiser jusqu'à la lie, au risque de faire disparaître notre planète ?

Sans aller jusqu'à croire que les bois, les sols… sont des frères, il n'est pas complétement utopique et inutile d'imaginer qu'il puisse exister des modes de relation entre l'homme et la nature que ne soient pas basés sur l'exploitation, mais sur un respect réciproque et une intégration harmonieuse qui permettent l'épanouissement de chaque partie prenante et la durabilité de l'ensemble.

Sabine Rabourin écrit : « Être moderne ne signifie-t-il pas être en adéquation avec les exigences de son époque ? Or, l'une des exigences du XXIe siècle, et non la moindre, n'est-elle pas de construire une société durable ? Et c'est exactement ce que les sociétés traditionnelles savent faire ! »

La gestion de biens communs

Dans les faits, la durabilité des sociétés traditionnelles repose sur un aspect très pragmatique : la gestion respectueuse et communautaire des êtres animés et inanimés de la nature (les sols, les eaux, les animaux, les forêts, les pâturages, les semences…). Ces ressources, pour employer le terme occidental, sont des dons de la Nature – ils n'appartiennent à personne et sont partagés par tout le monde - autrement dit ce sont des biens communs que les sociétés traditionnelles savent gérer de manière collective et durable pour assurer la survie et le bien-être de tous.

Concrètement, la terre ou le territoire est bien plus qu'un ensemble de ressources naturelles exploitables, c'est le lieu où l'habitat dans lequel se déroulent la vie et l'histoire de la communauté. Le droit à la terre est un droit fondamental qui n'a rien à voir avec le droit individuel à la propriété privée du monde moderne.

Pour dénigrer ce droit collectif fondamental, cette coutume ancestrale de la gestion communautaire de la nature et promouvoir son exploitation « rationnelle » fondée sur la propriété privée, un des artifices mis en place par l´Occident a été la fameuse parabole de la « Tragédie des communs » (*Garrett Hardin, 1968*). Cette parabole qui est devenue un des principes fondamentaux de la science économique occidentale prône que seule la propriété privée peut garantir une satisfaction personnelle et la prospérité sociale, et qu'au contraire, c'est l'exploitation collective de biens communs qui conduit forcement à la ruine. (*David Bollier, 2014*)

> **La tyrannie du mythe de la « tragédie des communs »**
>
> Dans un essai publié en 1968 dans la revue Science, l'écologue Garrett HARDIN, en inventant ce slogan mémorable, redonnait une nouvelle jeunesse à un vieux mythe, la tragédie des communs, de la manière suivante : imaginez un pâturage ouvert.
>
> On peut s'attendre à ce que chaque éleveur essaie de mettre le plus de bétail possible sur les terrains communaux. En tant qu'être rationnel, chaque éleveur cherche à maximiser ses gains. Chacun de ces hommes est enfermé dans un système qui le contraint à accroître son troupeau sans limites, dans un monde qui est limité. C'est vers leur ruine que tous ces hommes se précipitent, en poursuivant leur intérêt personnel dans une société qui croit à la liberté des communs. La liberté dans un commun entraine la ruine de tous.
>
> Seules les vertus de la propriété privée et des marchés libres peuvent éviter les résultats déplorables où nous mènent immanquablement les communs.
>
> Le catéchisme est martelé : la liberté personnelle de posséder des propriétés privées et de les échanger sur des marchés libres est la seule manière de garantir à la fois la satisfaction personnelle et la prospérité sociale.
>
> Hardin concède que cette approche n'est pas forcement juste, mais affirme que la sélection naturelle darwinienne est en dernière instance la meilleure option disponible : « Ceux qui sont plus aptes biologiquement à être gardiens de la propriété et du pouvoir devraient légalement hériter davantage... ».
>
> L'injustice est préférable à la ruine absolue. (*David Bollier, 2014*)

Ce pâturage constitue une image toute simple pour faire comprendre et justifier l'accès à la propriété de quelques-uns, « les plus aptes biologiquement », comme unique solution pour atteindre "la satisfaction personnelle et la prospérité », même si elle est injuste.

Mais derrière cette image se cachent beaucoup d'autres biens matériels et immatériels que cette minorité peut posséder de manière justifiée pour éviter la « ruine absolue ».

Sans prétendre faire une liste exhaustive des appropriations pour ne pas dire usurpations des « plus aptes biologiquement » contemporains, on peut mentionner tout ce qui entre dans la catégorie des ressources naturelles : le sol, les forêts, les plantes, les semences, l'eau, les minerais, les hydrocarbures...

Un autre bien matériel qu'une poignée de « puissants » s'est approprié est la monnaie de tous qui est déposée dans leurs banques afin qu'ils puissent l'utiliser selon leur gré ce qui, en général, n'est pas vraiment en faveur des épargnants.

Mais il y a aussi des biens immatériels comme la force de travail, le lavage de cerveau ou la contamination des mentalités pour que tous deviennent de bons consommateurs et entrent gentiment dans la « civilisation de l'Avoir », qui pour la parabole constitue « la prospérité sociale ».

Ceux qui n'ont pas la chance « d'être aptes biologiquement », c'est-à-dire l'immense majorité de la population sont soumis dans toutes les sphères de leur vie à un tout petit nombre de « puissants » dont le seul but est de s'enrichir aux dépens d'eux. Tant que cette parabole, à savoir le principe fondamental de la Science économique occidentale sera d'actualité, on ne peut guère espérer que le monde soit plus juste, que l'écart entre les riches et les pauvres se réduise.

Cependant, là où le bât blesse, c'est que le pâturage ouvert de la parabole n'a rien à voir avec un commun, ce n'est qu'un « no man´s land ».

En effet, un commun est la combinaison de trois éléments qui forment un ensemble intégré et cohérent et à l'appui je citerai l'exemple des pâturages naturels d'une Communauté de la Vallée de Chancay au Pérou (*F, Greslou et B. Ney, 1982*) :

- une ressource physique ou intangible : dans ce cas, des pâturages naturels d'une superficie d'environ 80 ha. situés entre 3200 et 4200 m. d'altitude et entourés d'une clôture en mur de pierre.

- une communauté déterminée ou une organisation sociale : dans ce cas, la Communauté paysanne de San Juan de

Uchucuanicu qui est reconnue officiellement et qui, juridiquement, est propriétaire de cette ressource physique.
- un ensemble de pratiques, valeurs et normes sociales mises en œuvre pour gérer cette ressource : en particulier, la division de cet espace en 12 parcs séparés par des murs en pierre pour permettre un système de rotation de la pâture et le regroupement du bétail autour de points d'eau ; l'organisation de *faenas* (travaux collectifs) pour restaurer les différentes clôtures avant l'ouverture le 15 avril, c'est-à-dire à la fin de la saison des pluies, de cet espace à la montée des animaux. Ce jour-là qui est un jour de fête, chaque *comunero* - membre de la communauté - passe sous un porche fleuri avec ses bêtes pour que le responsable de la gestion de cet espace puisse les compter et faire payer le montant de la location au prorata du nombre des bêtes qui vont avoir accès à ces pâturages durant environ les 5 mois de la saison sèche. La décision de la date exacte de la descente des animaux qui peut se situer entre le 1er et 30 septembre sera prise en fonction de l'état des réserves fourragères de manière à éviter le surpâturage, à savoir la ruine de la fable.

Pour être plus convaincante, la parabole de *Garrett Hardin* ne considère que la ressource physique et fait abstraction des deux autres éléments : l'organisation communautaire et les normes décidées socialement pour gérer de manière adéquate cette ressource physique commune.

Et contrairement à la morale de la parabole qui se gausse de sauver les communs de la ruine au prix de l'injustice, le commun pris dans son ensemble –avec ses 3 éléments- permet non seulement de sauver, et d'une manière durable, la ressource physique mais d'instaurer une vie plus juste, plus harmonieuse, plus équilibrée.

Pour les villageois du Congo, comme pour les « comuneros », membres des communautés paysannes des Andes avec qui j'ai eu la chance de travailler, en général, propriété privée et exploitation de la nature sont des notions qui ne sont pas en vigueur pour eux. Il faut cependant reconnaître que certaines sociétés traditionnelles n'arrivent plus à résister à l'emprise du Développement occidental qui justement commence par l'expropriation des terres communales afin de les soumettre au marché foncier.

Mais celles qui résistent sont encore nombreuses, en effet *David Bollier (2014)* estime qu'actuellement, 2 milliards de personnes dans le monde subviennent à leurs besoins quotidiens à travers une forme ou une autre de gestion communautaire des ressources naturelles.

Cette richesse des communs s'appuie sur une longue histoire, rendue invisible par la suprématie du modèle économique individualiste. Dépoussiérer et revaloriser cette histoire des communs est en train de permettre l'émergence croissante, tant au Nord qu'au Sud, d'initiatives de changement c'est-à-dire d'alternatives au Développement occidental, car derrière la simple gestion d'un commun se cachent des comportements, des modes de vie, des visions du monde… totalement différents.

Un des buts du Tribunal Constitutionnel Plurinational qui a été créé récemment en Bolivie est de favoriser la restauration et la consolidation de l'autonomie indigène paysanne sur la base du découpage ancestral du territoire, à savoir les *ayllu* en quechua, en essayant toutefois de respecter l'actuelle division administrative en districts et départements.

Actuellement en France, l'approche territoriale pourrait constituer une piste pour amorcer ce changement de direction. Elle consiste à rescaper la notion de territoire, de pays – paysan -, d'appartenance territoriale. Considéré comme un espace relativement homogène écologiquement parlant - une ressource physique -, qui rassemble un groupe social ayant une histoire commune – une petite société rurale déterminée -, l'appartenance territoriale incite l'ensemble de propriétaires d'unités de production à s'organiser afin de mettre en valeur le mieux possible et de manière durable cet espace dont ils sont parties prenantes – ensemble de règles pour gérer cette ressource.

Cette approche ne s'inspire-t-elle pas de ce qu'était la gestion collective d'un bien commun ?

Faire l'inventaire des nombreuses « réponses concrètes » aux crises économiques, sociales, politiques et écologiques qui se sont inspirées, ou sont en train de le faire, de la gestion « traditionnelle » des biens communs dépasserait très largement l'objet et la prétention de ce texte, d'autant que, comme on l'a vu antérieurement, les communs ne concernent pas seulement la gestion de ressources naturelles, mais bien d'autres domaines. Un exemple porteur à signaler est la gestion du commun « connaissances » offerte par logiciel libre Wikipédia. (*David Bollier, 2014*)

Les valeurs

Dans les sociétés andines, le couple est l'unité sociale de base ; un adulte seul est un « *chulla* », en quechua, ce qui veut dire « impair » et l'impair est perçu comme un état de déséquilibre et de désharmonie (*García Miranda, 2015*). Seule la paire – un homme et une femme - pourra être reconnue comme membre à part entière de la communauté alors que dans le monde occidental l'exercice de la citoyenneté est individuel.

Juste à un degré au-dessus de la famille, la communauté, le clan ou l'ethnie constitue la structure sociale fondamentale et indispensable des peuples indigènes.

Dans l'espace physique – la nature - où il a dû ou choisi de s'installer, face au grand nombre et à la diversité de l'ensemble des autres membres de cette nature, l'homme seul, ou même avec sa famille restreinte, aurait été bien incapable de tisser des liens d'empathie et de réciprocité avec tous ces membres. Il a donc fallu qu'ils se mettent à plusieurs, qu'ils s'associent, qu'ils forment un groupement de familles, une communauté, un clan, une ethnie pour être à la hauteur de cette symbiose.

Or ce « vivre et faire ensemble » n'est possible que si entre les membres de cette communauté s'instaurent des comportements, des attitudes, des rapports qui sont dictés par des valeurs telles que le respect, la fraternité, la réciprocité, la solidarité, l'entraide, l'équité, la justice sociale, la sobriété, la compassion, la beauté...

C'est sur cette base du « vivre et faire ensemble » que l'organisation sociale du deuxième degré décide collectivement des règles qui lui permettent de vivre en harmonie entre eux et avec la nature : le « Bien-être » ou le « Buen-vivir » des équatoriens.

Il faut cependant reconnaître qu'une des valeurs fondamentales manque à l'appel au sein de cette communauté traditionnelle, c'est la liberté. La communauté repose sur de puissants rapports sociaux (familiaux, claniques, religieux, etc.) au sein desquels le collectif prime sur l'individu au point que la réussite individuelle ne peut pas s'exprimer aux dépens d'un mieux-être de la communauté toute entière. Nous avons vu antérieurement comment la sorcellerie a le rôle de rappeler à l'ordre le membre que se sentirait libre de s'en sortir tout seul.

En revanche la Société Occidentale moderne a libéré l'individu, ce qui lui a permis de sortir du carcan communautaire et lui a conféré une complète autonomie afin de pouvoir se centrer sur lui-même, devenir égocentrique et défendre ses intérêts personnels. Et force est de constater qu'il a bien su profiter de sa liberté. Grâce à cette liberté individuelle, l'obsession et la course effrénée pour « réussir sa vie », pour atteindre le bonheur fondé sur le « toujours plus », lui ont fait oublier toutes les autres valeurs qui, de toute façon, lui étaient devenues tout à fait inutiles.

> **Intérêt égoïste versus valeurs**
>
> « L'intérêt égoïste, dans lequel l'Économie politique tend nécessairement à voir l'unique moteur rationnel des conduites humaines, est précisément la seule raison d'agir qui ne puisse jamais constituer par elle-même ce qu'on appelle, depuis Nietzsche, *une valeur*.
>
> Une valeur, en effet, est, par définition, ce *au nom de quoi* un sujet peut décider, quand les circonstances l'exigent, de sacrifier tout ou partie de ses intérêts, voire, dans certaines conditions, sa vie elle-même. » *Jean-Claude Michéa (2006)*

La Déclaration des Droits de l'Homme qui s'est auto-érigée en 1948 comme « Universelle » – mais qui ne l'est pas - ne prend en compte que les droits fondamentaux de l'individu. Si les peuples originaires avaient eu besoin de faire une déclaration semblable, ils auraient défini des Droits collectifs qui, comme cela vient d'être fait en Équateur et en Bolivie, auraient inclus ceux des êtres naturels c'est-à-dire de l'environnement.

Cette liberté qui est si chèrement défendue par tous les tenants de l'économie néo-libérale et de la mondialisation, a permis de libérer l'individu qui a pu alors se lancer dans la conduite rationnelle de l'« Avoir » dont le ressort n'est pas seulement de devenir toujours plus riche, mais surtout de rivaliser avec autrui pour le rabaisser et exhiber une apparence d'un statut supérieur à celui de ses congénères.

Cette compétition sans merci pour défendre un intérêt égoïste bafoue complètement toutes les valeurs communautaires de coopération, fraternité, solidarité, entraide…

Compétition ne se marie pas avec coopération !

Du coup, agir de manière désintéressée est devenu un non-sens et l'acte gratuit un acte irrationnel. Les personnes qui s'y adonnent sont des êtres bizarres, déconsidérés.

Comment peut-on perdre son temps à faire des choses qui ne contribuent pas à être ou à paraître plus riche ? Le temps, c'est de l'argent !

Face à ce rejet total des valeurs, ne serait-il pas urgent que les sociétés des pays « développés » se tournent vers les sociétés traditionnelles pour se « désenrouler » en intégrant des valeurs de la vie communautaire et en mettant un peu d'humain dans leurs préoccupations ?

Le comportement socio-économique

Quelques tableaux ne valent-ils pas autant que de longs discours ?

<u>Tableau 1</u> : Redistribution

La sobriété quotidienne des sociétés traditionnelles est interrompue par des moments de fêtes, de dépenses, d'ivresse, d'extase.

Dans les Andes, l'organisation des fêtes est à la charge d'un des membres de la communauté qui, à tour de rôle, est choisi en assemblée générale parmi ceux qui, pour une raison ou une autre, ont réussi à avoir des gains un peu supérieurs aux autres. Cette responsabilité veut dire que le « cargo » - celui qui a la charge de la fête - va offrir à la communauté tout ce qui est nécessaire pour faire une belle fête : le manger, le boire, le fumer, les orchestres, les services d'un curé si c'est une fête patronale... et la fête peut durer plusieurs jours. Cela représente donc une belle somme qui va l'obliger à s'endetter pour plusieurs années. Mais peu importe, car pour lui c'est plus important de donner en offrant une grande fête dont on se souviendra pendant longtemps que d'être riche matériellement. Pour lui c'est une source de bonheur que d'être bien considéré par tous les membres de la communauté et d'avoir conquis du prestige auprès des siens.

L'objectif de ce mode de production n'est donc pas l'accumulation individuelle de richesse matérielle mais le partage ou la redistribution pour atteindre la vraie richesse, celle de la cohésion et de l'harmonie au sein de la communauté.

> **Ne pas boire, ne pas fumer !**
>
> Les très nombreuses sectes protestantes Nord-Américaines qui sillonnent les Andes pour coopter des adeptes divergent en ce qui concerne l'interprétation de la Bible, mais curieusement, elles ont toutes le même précepte : l'interdiction de boire de l'alcool et de fumer. Hormis le fait que c'est bon pour la santé, ces missionnaires ont bien compris que cette interdiction imposée à leurs futurs fidèles va les empêcher de participer aux fêtes communautaires où il est impossible de ne pas boire, ni de fumer.
>
> N'y a-t-il pas derrière cette interdiction l'intention cachée de les exclure d'un système économique fondé sur la redistribution afin de leur permettre d'accumuler individuellement et d'embrasser ainsi la civilisation de l'« Avoir » ?
>
> Concrètement, dans les communautés qui ont été séduites par leur message et qui sont de plus en plus nombreuses, cette interdiction relativement anodine provoque des divisions à l'intérieur de la communauté qui par conséquent perd sa vraie richesse.

Roger Magazine (Modernidades indígenas, 2012) écrit : « Les fêtes et les « cargos » ne sont pas seulement un facteur constitutif de la culture indigène, mais aussi une manière de se défendre contre l'influence du monde moderne »

Contrairement aux préjugés qui voudraient faire croire que les sociétés paysannes traditionnelles se contentent de produire juste le nécessaire pour leur subsistance – et donc qu'elles ne peuvent pas progresser, ni se développer -, elles cherchent, comme l'agriculture moderne, à produire des excédents ; excédents qui ne seront pas destinés à s'enrichir individuellement, mais à être redistribués entre tous les membres de la communauté.

La motivation pour produire plus n'est pas de vendre – échange - pour devenir plus riche matériellement, mais de pouvoir donner – réciprocité - pour exister socialement et atteindre un mieux-être ensemble.

Dominique Temple résume ce modèle économique de la manière suivante : « Plus on donne plus on est reconnu socialement, mais pour donner il faut produire, d'où une économie dont les principes sont inverses de ceux de l'économie occidentale. Le don et le contre-don appartiennent à une dialectique polarisée par le prestige ».

Cette cohésion de la communauté se manifeste concrètement à travers un grand nombre de pratiques telles que : diverses formes de réciprocité, le travail non pas salarié mais d'entraide gratuite, le respect et la prise en compte des opinions des anciens, la gestion collective du territoire, la prise en charge de la part de la communauté des veuves et des orphelins, une relation symbiotique avec la nature, l'éducation des enfants au métier de paysan et à la vie communautaire, des moments de convivialité comme les fêtes, les rencontres, l'échange de semences...

Ce mode de production originaire des Andes a été exporté dans les bidonvilles des grandes villes par les centaines de milliers de paysans qui y ont migré et qui ont reproduit et adapté les principes de ce même mode de production dans un contexte urbain, ce que les économistes occidentaux ont appelé économie populaire, sauvage ou informelle et qui par la suite a été promue au rang de l'économie sociale et solidaire.

Il est encourageant de constater qu'au Nord comme au Sud, il apparaît une multitude d'expériences pour lesquelles l'humain a été remis au centre des préoccupations : des associations, des groupements, des ateliers, des entreprises qui ont d'autres objectifs que celui de maximiser leur profit.

<u>Tableau 2</u> : Réciprocité

Pour construire sa maison, le *comunero*, le membre de la communauté paysanne des Andes, fait appel à ses compères, ses amis, ses voisins pour l'aider à la construire, tâche qui peut demander plusieurs jours. Ce type d'entraide qui s'appelle *Ayni* en quechua, consiste à ce que les personnes choisies pour aider le *comunero* offrent gratuitement leur force de travail, c'est le don. En contrepartie le *comunero* s'engage à rendre ce service un jour ou l'autre quand chacune des personnes qui l'a aidé, aura à son tour besoin d'aide.

Ce « rendre » -ou contredon- à une date indéfinie qui peut être considérée comme une dette symbolique, un engagement à honorer, entretient dans le temps une relation entre des membres d'une même communauté ; ils ont en commun une histoire, un « faire ensemble » qui s'inscrit dans le temps.

Si au lieu du contredon, le *comunero* avait payé un salaire à ceux qui lui sont venus en aide, il aurait été quitte de toute dette envers eux. Plus d'engagement, plus besoin de se voir, il aurait été libre…, mais seul ! En outre, en payant le salaire, il aurait « acheté » le temps d'attente pour « rendre » et ainsi éviter d'être obligé de partager une histoire avec ceux qui l'ont aidé. L'échange marchand élimine les rapports humains.

Les sociétés traditionnelles qui ont su résister à la domination et exploitation du Développement imposé par l'Occident, qui ont pu maintenir une sorte de bien-être communautaire et le respect de l'environnement, ont comme point commun des relations entre société, nature et divinités fondées sur la réciprocité.

Pour *Dominique Temple* le principe de réciprocité serait à l'origine des valeurs humaines fondamentales. Il fait l'hypothèse que les valeurs naissent de la relation de réciprocité, et que ce ne sont pas les valeurs qui génèrent la réciprocité.

Il définit la réciprocité comme une forme de reconnaissance de l'autre et d'appartenance à une collectivité humaine et naturelle, comme une dynamique du don et de la redistribution créatrice de sociabilité, de lien social, et comme une prestation totale.

En effet, si on compare la réciprocité des peuples indigènes au principe éthique le plus élevé du monde occidental à savoir la solidarité, la première est à double sens – l'un donne et l'autre reçoit puis rend – par contre la seconde est seulement dans un sens – l'un donne et l'autre reçoit mais ne rend pas. La solidarité est sélective –on ne peut pas aider tout le monde – par contre la réciprocité est possible avec tout le monde. La solidarité est éphémère au sens où elle est temporelle – on ne peut pas aider quelqu'un pendant toute sa vie – alors que la réciprocité est permanente par définition. Ces quelques différences expliquent pourquoi, au sein des communautés indigènes, la réciprocité est le principe fondamental de base qui crée et maintient la trame sociale.

Ne serait-il pas opportun d'étudier les relations et les structures de réciprocité des sociétés traditionnelles pour avoir des pistes permettant de rétablir ou de générer le lien social au sein du mode de production occidental ?

Pour cela une autre méthode consisterait à différencier réciprocité et échange, à étudier la distinction qui s'établit entre « non marchand » et « marchand ». *(Eric Sabourin, 2003)*

« Ce qui est central et fondamental dans la logique du don – la réciprocité - c'est que le *lien* remplace le *bien* ». *(Jacques Godbout, 1992)*

<u>Tableau 3</u> : Sobriété

Dans la Région de La Cuvette au Congo, la forêt vierge est exubérante et généreuse car on y trouve de tout en abondance : toutes sortes de gibiers, des poissons, des fruits, des feuilles, des racines, des lianes comestibles… sans parler du manioc qui, comme nous l'avons vu auparavant, est une culture déguisée.

Les villageois qui sont principalement des collecteurs/chasseurs/pêcheurs prennent dans la forêt ce dont ils ont besoin pour nourrir leurs familles, mais il ne leur viendrait pas à l'idée d'en prendre plus, soit pour le plaisir (de chasser, de pêcher), soit pour en tirer des revenus importants afin de s'enrichir individuellement.

Ils savent très bien que la forêt constitue pour eux leur unique source de subsistance et qu'il faut donc la préserver afin que leur ethnie ait une longue vie.

Cette sobriété qui, pour les sociétés traditionnelles est innée et spontanée, constitue non seulement une garantie pour préserver la nature, mais elle est source de satisfaction, d'abondance et de bien-être. En effet l'abondance peut provenir de deux voies différentes : exiger beaucoup ou désirer peu.

Face au « toujours plus » sans limite de l'Occident qui ruine la planète au profit d'une minorité, la sobriété devrait être un choix conscient pour d'une part, protester contre la société de consommation - forme de résistance - et pour d'autre part, contribuer à l'équité dans un monde où surabondance et misère cohabitent.

« Les cultures traditionnelles, régulées par la modération qui est une attitude naturelle et spontanée - nous appartenons à la Terre -, font place aux civilisations de l'outrance - la Terre nous appartient -, responsables de leur propre éradication. (*Pierre Rabhi, 2010*)

Le message de Gandhi est simple (cité par *Frédéric Lenoir*) :

« Le sommet de la civilisation n'est pas de posséder, d'accumuler toujours plus, mais de réduire et limiter ses besoins ; le bonheur, la félicité se trouve dans la capacité à savoir limiter ses besoins ».

Tableau 4 : Biodiversité

Il y a plus de 40 ans, je suis parti travailler dans une « Opération d'Aide au Développement » dans les Andes péruviennes – à l'époque on ne parlait pas encore de projet - où en tant qu'agronome, on m'avait confié, entre autres, la tâche d'enseigner aux paysans la culture de la pomme de terre. En effet ils produisaient de petites pommes de terre un peu rabougries, de toutes les couleurs, avec des yeux très profonds, donc impossibles à éplucher, et d'urgence il fallait leur transmettre les techniques modernes de la Révolution Verte pour qu'ils produisent de belles pommes de terre du type *Bintje*, c'est-à-dire, bien grosses, biens rondes, biens blanches et sans yeux, bref, des pommes de terre qui pourront être vendues à Lima, ce qui permettra aux paysans de s'intégrer au marché et de devenir ainsi des consommateurs.

Quelle honte ! Quel culot ! Ingénus et imbus de notre supériorité, on n'avait pas jugé utile de s'intéresser à l'histoire de nos « bénéficiaires » andins et encore moins à celle de la pomme de terre ! De savoir que les Andes constituent l'un des 8 centres *Vavilov* de la planète, considérés comme berceaux de l'agriculture ; de savoir que ce sont les paysans des Andes péruviennes - les ancêtres de ceux que j'ai eus comme élèves -, qui, il y a plus de 8000 ans, ont été les premiers à domestiquer la pomme de terre ; de savoir qu'il existe, du fait de processus savants de sélection mis en œuvre par les paysans andins pendant des siècles, plusieurs milliers de variétés : actuellement le CIP (Centre International de la Pomme de Terre) dont le siège est à Lima conserve le germoplasme de plus de 3500 variétés.

Et il en est de même pour bien d'autres cultures andines comme la quinoa, la kiwicha, la cañihua, les tubercules andins - olluco, mashua, oca-, la maca, le tarhui…

Heureusement, pendant ces 40 ans, les nombreux projets de Développement n'ont pas atteints les objectifs escomptés, ou plutôt la majorité des paysans ont petit à petit remis en cause le système moderne de production pour remettre en place leur système traditionnel. Pour quelles raisons ont-ils rejeté la solution proposée si elle était reconnue universellement comme la plus performante ?

La première raison qui est la principale vient du fait qu'ils ont vite compris que ce qu'ils avaient considéré comme la « magie du gringo », tous ces produits chimiques qu'il fallait acheter et épandre - engrais de synthèse, produits phytosanitaires, herbicides… - étaient en fait des poisons et qu'il n'était pas correct de fourvoyer la relation de respect et de réciprocité avec la *Pachamama*, la Terre-Mère, en l'empoisonnant.

La deuxième vient du fait qu'ils ont découvert à leurs dépens, ce qu'est la détérioration des termes des échanges commerciaux : le prix de vente de leurs belles pommes de terre montait beaucoup moins vite que le prix d'achat des nombreux produits chimiques qu'ils devaient se procurer. Conclusion, ils s'appauvrissaient chaque campagne un peu plus.

Et heureusement de nouveau, grâce â ce retour en arrière, les membres des communautés paysannes ont repris l'habitude de cultiver sainement différentes espèces et variétés végétales qui sont à l'origine d'une grande richesse : la biodiversité. Actuellement cette biodiversité contribue à la sécurité alimentaire du pays, mais elle est aussi à l'origine de l'actuel boom gastronomique dont les péruviens sont si fiers et qui permet à ces petits producteurs d'avoir enfin accès à des revenus grâce à l'écoulement de leurs produits sains et variés sur les marchés locaux, régionaux, national et international pour certains d'entre eux comme la quinoa malgré les risques que nous avons dénoncés antérieurement.

Malheureusement le système occidental qui n'a pas encore dit son dernier mot, cherche, par le biais de ses laboratoires, à s'approprier de ces ressources végétales et animales en déposant des brevets !

Au Pérou, cette biodiversité est due principalement au milieu naturel – des 104 niches climato-écologiques recensées sur l'ensemble de la planète, 84 sont présentes dans ce pays -, mais aussi à la mentalité des peuples indigènes comme nous le décrit Grimaldo Rengifo (*América profunda*, 2003) :

« Nous sommes un des peuples les plus divers de la planète parce que nous incorporons de tout, des variétés de pomme de terre, du maïs, des projets, des personnes, des constructions, des divinités, etc. Nous sommes un peuple ouvert qui entre en relation de manière « poreuse » avec le monde extérieur et qui ne repousse rien d'emblée. Et cette incorporation n'est pas conditionnée, elle est du genre : « entre ! Et en chemin on verra si tu t'habitues ou non ; si tu t'habitues tu restes, sinon tu t'en vas... et dans ce cas je ne vais pas me fâcher. ». Chez les aymaras du bord du Lac Titicaca, quand ils incorporent une nouvelle variété de pomme de terre, ils l'appellent « *yojcha* », ce qui veut dire « belle-fille », car son incorporation est bienvenue et elle est fondamentalement affective ».

De toutes les activités humaines, l'agriculture est la plus indispensable, car aucun être humain ne peut se passer de nourriture.

Et l'agriculture des sociétés traditionnelles ne pourrait-elle pas fournir des "connaissances nouvelles" à l'Occident afin de contribuer à solutionner des effets néfastes de son agriculture industrielle super-spécialisée, tels que l'empoisonnement et la détérioration des sols, la contamination des eaux, la pollution de l'air, la désertification, le pillage des forêts, la perte de la biodiversité, la pauvreté, la dépendance et insécurité alimentaires... ?

Toutes les sociétés traditionnelles, ou du moins celles qui n'ont pas eu la chance de vivre dans une nature exubérante comme les villageois de La Cuvette et bien d'autres, ont su inventer et mettre en œuvre des agricultures dont les principaux points communs sont l'autonomie, la salubrité, la diversité des espèces et des variétés, et la durabilité.

Points communs qui ne devraient pas être reniés par l'actuelle agriculture paysanne et par l'agro écologie qui sont appelées à remplacer l'agriculture moderne industrielle qui n'est pas capable de produire sans détruire.

Et cela de manière urgente pour éviter d'en arriver là :
(Prophétie indigène cité par Pierre Rabhi, 2010) :
« Seulement après que le dernier arbre aura été coupé,
Que la dernière rivière aura été empoisonnée,
Que le dernier poisson aura été capturé,
Alors seulement vous découvrirez que l'argent
ne se mange pas »

Le système de pensée

<u>Affirmation culturelle/enveloppement</u>

Du fait de leur appartenance à une communauté et à un territoire, les êtres humains des sociétés traditionnelles se sont forgés, pendant des siècles, des cultures propres qui se déclinent en fonction de comment entrent en relation les humains, la nature et les divinités.

Et dans culture, il y a non seulement une cosmovision spécifique, mais bien d'autres choses que les représentants de différentes ethnies - 36 de 14 pays de 3 continents-, réunis à Mexico en 2003 (*América Profunda, 2003*) ont retenus comme étant des facteurs communs à tous :

« Le principe éthique de la réciprocité ; l'esprit communautaire ; la relation harmonieuse avec notre mère, la « Nature » ; l'agro centrisme ; l'autorité qui s'acquiert en se mettant au service des autres ; la confiance en les autres même s'ils sont inconnus ; la sagesse des anciens ; le travail communautaire non rémunéré ; les échanges d'égal à égal ; la fête qui permet de redistribuer les richesses ; le respect des différences ; l'utilisation des couleurs pour manifester notre joie de vivre ; la résistance pour affronter les agressions extérieures ; la restitution des territoires et des biens que les processus de colonisation et de Développement ont spoliés…, et beaucoup d'autres choses qui font que la vie a un sens et vaut la peine d'être vécue ».

Les êtres humains des sociétés traditionnelles possèdent donc une référence, des points de repère pour prendre du recul, trier et digérer les informations, les idées, les connaissances... afin de maintenir, cultiver et réaffirmer leur identité culturelle originale.

En outre, comme par exemple pour les andins, leur vision historique et leur mémoire collective sont inscrites dans des mythes qui ont tous comme point commun le passage d'une situation néfaste et chaotique – le plus souvent provoquée par eux-mêmes car incapables de défendre et de maintenir un monde harmonieux -, vers une situation nouvelle où ils auront su et pu rétablir l'harmonie parfaite entre les trois parties prenantes de la « Communauté naturelle » andine. C'est le cycle de l'utopie andine qui lui aussi donne un sens à la vie.

Au sein d'une société traditionnelle, corps social et territoire génèrent et contribuent à l'affirmation culturelle en définissant un niveau « local » où l'être humain a sa place, où il se sent utile, voire indispensable et où il peut donner un sens à sa vie en participant à l'harmonie et au bien-être de l'ensemble.

C'est seulement à partir de ce socle « local » que la société traditionnelle peut envisager d'approcher et de prendre part à certains aspects des niveaux supérieurs : le régional, le national, voire l'international.

Edgar Morin propose : « L'enveloppement afin que les gens puissent rester enveloppés dans leurs cultures, dans leur communauté, dans leur solidarité, ce qui suppose que l'autonomie individuelle doit s'accorder avec l'épanouissement dans une communauté ».

Cette cohésion entre corps social et territoire au niveau local pourrait sans doute donner des idées l'être humain occidental qui est de plus en plus individualiste et déraciné.

Tout est sacré

Le territoire est l'espace où vit et se reproduit la "Collectivité Naturelle" - el *ayllu* en quechua - qui, rappelons-le, comprend trois grands ensembles : la société, la nature et les divinités. C'est à la fois un espace social, naturel et sacré dans lequel les relations entre ses trois parties prenantes sont fondées principalement sur le respect et la réciprocité et les conversations entre elles s'établissent à travers les rites.

Les êtres humains tissent des relations de respect avec les divinités qui sont immanentes, c'est-à-dire qu'elles vivent avec eux dans un même monde. Quand, par exemple, ils veulent passer sur le versant escarpé d'un *Apu* – un sommet qui est une divinité tellurique - ou traverser un torrent, ils doivent au préalable, par le biais d'une petite cérémonie, d'un rite, leur demander l'autorisation, sinon ils risquent de se faire écraser par un éboulement ou emporter par le courant.

L'exemple le plus typique est la relation de réciprocité entre les êtres humains et la *Pachamama* – La Terre-Mère -, principalement au moment des semailles. Le fait de semer est perçu comme un cycle de la production qui est lié au cycle cosmique et aux phases du calendrier. Il constitue donc un passage d'un état à un autre, passage qui est source d'incertitudes, voire d'angoisses qui doivent être contrecarrées par un ensemble de rites propitiatoires avec des chants, des danses, des offrandes pour inciter la *Pachamama* à fournir une belle récolte. Et de même que pour les semailles, tous les travaux liés à la production de biens et services ont un caractère festif et sacré car ce sont tous des passages qu'il faut réussir en demandant l'aide des divinités.

Et au fait pourquoi « Mère » ? Parce qu'il y a une identité de genre : la Terre est une femme qui génère la vie et qui est sacrée car sans elle il n'y aurait rien.

Et le sacré ne constitue pas forcément un moment sérieux de recueillement.

Pour *Juan José Garcia Miranda (2015)* : « Certaines fêtes sont même de vraies catharsis qui, grâce au défoulement émotionnel, permettent de résoudre ses angoisses et de sortir pour un moment de la routine en réalisant des activités exceptionnelles. Le meilleur exemple est le carnaval qui correspond au cycle de la maturation des récoltes, en particulier du maïs ».

Concrètement, il n'y a pas de lieu précis – un temple, une église…-, ni de moment déterminé – une prière, une messe…- spécifiques pour se consacrer à la vie spirituelle, religieuse ou intérieure ; le sacré, le spirituel est partout et à tout moment.

Tout acte ou labeur ne se résume pas à une exécution physique - souvent pénible et fatigante -, mais il est aussi « sacré », c'est-à-dire accompagné de sentiments partagés d'apaisement, de ressourcement, d'épanouissement, d'allégresse, etc. Quand le paysan andin va avec l'aide de son groupe d'*ayni*, retourner la terre de sa parcelle avec sa *chaquitaclla* – bêche andine - c'est un peu le même acte sacré que fait l'homme occidental quand il va assister à une cérémonie religieuse… avec la différence que le premier sait faire deux choses à la fois…

En quoi ce sens du sacré pourrait être utile à l'homme occidental ?

Pierre Rabhi donne une réponse : « Bien au-delà des plaisirs superficiels toujours inassouvis, il faut retrouver la vibration de l'enchantement, le sentiment de ces êtres premiers pour qui la création, les créatures et la terre étaient avant tout sacrées. »

<u>Vision globale et holistique</u>

Dans la cosmovision de certaines sociétés traditionnelles et en particulier les communautés andines, la réalité dans laquelle elles vivent, est considérée comme un monde-animal ou un organisme vivant.

Cette réalité forme donc un tout inséparable – on ne peut pas séparer la tête ou les membres du tronc d'un animal- et ne peut donc être perçue, comprise et reproduite que dans sa totalité, sa globalité.

Cette cosmovision est donc à l'origine de l'approche ou de la vision globale qui régit le système de pensée de l'homme traditionnel.

Selon *Fidel Tubino* (*2015*) : « Les scientifiques analysent et décomposent la nature pour la connaître et mieux la dominer, les natifs la comprennent de manière holistique et empathique. Ils ne déconnectent pas le savoir de l'imagination et de l'affectif ».

Un exemple concret :

À Cajamarca, dans les Andes du Nord du Pérou, conséquence de l'oppression des conquérants espagnols, le lama a complètement disparu. Il y a quelques années des paysans de cette région nous ont formulé le souhait de réintroduire l'élevage de cet animal originaire des Andes. En tant que projet de développement nous leur avons proposé de faire venir un éleveur de lama de la région de Puno, au Sud du Pérou pour qu'il leur explique comment élever cet animal. Ils n'ont pas accepté notre proposition prétextant que c'est eux qui devaient aller à Puno pour connaitre l'animal dans son contexte, qu'il serait incorrect et vain de séparer l'animal du milieu naturel où il vit, des personnes qui en prennent soin, des conditions climatiques qu'il peut supporter, du type de fourrage qu'il mange… et de beaucoup d'autres aspects qui leur permettront d'avoir une vision globale de la « culture » du lama. Même si cette solution était nettement plus onéreuse, il a donc fallu organiser plusieurs séjours prolongés d'une dizaine de paysans de Cajamarca chez des éleveurs de Puno. Et un an plus tard des lamas – ou plus exactement des alpagas - ont débarqué sur les hauteurs de la région de Cajamarca.

Cette approche globale est appliquée à diverses activités de recherche ou de production de connaissance. Par exemple, en médecine, le guérisseur ne va pas se focaliser sur un organe mais considérer l'organisme malade dans son ensemble, c'est-à-dire à tous les niveaux : physiologique, psychologique, culturel…

Le monde occidental n'aurait-il pas besoin de considérer et d'analyser cette vision globale ? Ne s'est-il pas embourbé dans une vision segmentée avec des disciplines bien séparées, des connaissances compartimentées, des hyper-spécialisations, etc. ? Vision qui a donné et continue à le faire, des résultats du genre : ne plus pouvoir percevoir et concevoir les problèmes fondamentaux et globaux tant des vies personnelles que des futurs collectifs ; donner la primauté au quantifiable ; occulter les réalités affectives des êtres humains…

À cette vision globale s'ajoute la vision holistique pour laquelle le tout est plus que la somme des parties. En effet, pour en revenir au monde-animal, le tout, à savoir l'animal, est plus que la somme d'une tête, des quatre membres, d'un tronc…

La vision holistique des sociétés traditionnelles n'aurait-elle pas inspiré l'approche systémique du monde moderne qui prend le contre-pied de l'approche analytique et pour laquelle le tout est bien plus que la simple somme de parties ? Et ce « plus » n'est d'ailleurs pas seulement quantitatif, mais aussi et surtout qualitatif.

Le développement durable qui pose tant de problèmes au monde occidental ne serait-il pas victime du cloisonnement des différentes disciplines qui ont quelque chose à voir avec la résolution de ce problème ; la sociologie, l'économie, l'écologie, la climatologie, la glaciologie, l´agronomie, la politique… ?

Production de connaissances

Encore un exemple : les fiches de technologie paysanne du PRATEC (Projet Andin de Technologies Paysannes) :

Il y a une trentaine d'années, pour contribuer à revaloriser la culture et agriculture andines, nous avions promu l'élaboration de fiches de technologie paysanne. Ces fiches devaient décrire avec le plus de détails possible et d'une manière graphique car la majorité des destinataires étaient analphabètes, une pratique, un savoir-faire autochtone. Il était demandé au technicien « moderne » travaillant dans un projet de développement d'avoir l'humilité de se mettre en rapport avec le paysan andin non pas pour lui enseigner les techniques agricoles modernes, mais pour l'écouter et recueillir les informations précises concernant une pratique que ce soit la construction de terrasses, l'association de cultures, la lutte contre la douve du foie, la conservation de la pomme de terre, etc. La fiche qui mentionnait sur la couverture le nom de l'auteur, c'est-à-dire le paysan et en contre couverture celui du technicien qui avait aidé à faire la fiche, était alors éditée en 200 exemplaires afin de diffuser auprès des paysans d'autres régions andines un offre technologique alternative à l'offre de la Révolution Verte.

Le fait d'avoir osé publier des documents - à l'heure actuelle plus de 4500 fiches ont été publiées - qui n'avaient pas été validés par la science et dont les auteurs étaient en général analphabètes, nous a valu bien des déboires et des démêlées avec les Centres de recherche et certaines Universités nationales qui nous ont dénoncés comme étant des charlatans et ont fait des campagnes pour dénigrer le contenu de ces fiches.

Les connaissances dignes de ce nom doivent-elles obligatoirement passer sous le joug de l'objectivité de la science et de la rationalité occidentales ?

Le monde occidental ne peut-il pas imaginer qu'il puisse y avoir des connaissances, des savoirs, des savoir-faire qui émanent d'une autre source que sa méthode expérimentale ?

Imbu de sa supériorité, l'Occident a du mal à tolérer qu'il puisse y avoir des connaissances qui ne soient pas validées par sa Science afin d'être considérées comme universelles, à l'image de son modèle de Développement. Mais il n'y a aucune raison que la méthodologie de la Science – dite moderne avec un « S » majuscule - monopolise le savoir.

Chaque société traditionnelle a généré de manière empirique et intuitive, des connaissances propres nécessaires à la vie dans la durée de ses membres, que ce soit des savoir-faire, des savoirs artistiques, des représentations spirituelles, des mythes, des légendes, etc. Cette génération de nouvelles connaissances n'est pas exclusive des seuls experts ou chercheurs, scientifiques, elle est ouverte à tous et en particulier aux anciens du fait de leurs longues expériences.

Et la meilleure validation de ces connaissances réside dans le fait qu'elles ont résisté au temps en passant de générations en générations. Celles qui n'étaient pas utiles ou non fonctionnelles ont disparu.

Il existe une autre source de connaissances, celle qui provient des différents processus d'incorporation, d'assimilation, d'adaptation, de récréation, de réinterprétation de connaissances nouvelles venues de l'extérieur qui sont alors intégrées au corpus cognitif de la société traditionnelle. Pour les andins, comme il s'agit d'un « monde-animal » ce processus est assimilé à la digestion qui métabolise ce qui est bon et excrète le reste.

Si on caricature un peu, l'homme occidental apprend et produit avec la tête – l'esprit, l'intelligence, la mémoire -, en un mot : il pense, alors que l'homme traditionnel apprend et produit avec le corps – les sens, le cœur- et en un mot, il sent.

Le cœur est au centre et la tête est à son service alors que pour le monde occidental c'est exactement l'inverse.

Mais ce n'est pas une raison pour dénigrer les connaissances issues des sociétés traditionnelles, bien au contraire -.

<u>Temps cyclique</u>

Cet aspect du système de pensée des sociétés traditionnelles a été abordé dans les chapitres précédents.

Pour la société moderne occidentale, il peut être judicieux de mentionner des exemples d'application concrète et actuelle d'un temps cyclique, comme le recyclage ou « les processus en boucle par lesquels nous rendons aux écosystèmes au moins autant que ce que nous recevons » (R. *Hopkins, 2014*) ou l'agro écologie pour laquelle la reproduction, à savoir la capacité à régénérer des ressources, permet de compenser celles qui ont été puisées par la production.

La notion de bonheur

<u>Être en relation</u>

Rappelons le proverbe africain :

« Le pauvre n'est pas celui qui n'a pas d'habits, mais celui qui n'a pas d'amis »

Être ensemble, tisser des liens avec autrui ou s'entraider est certainement la principale source de bonheur pour les peuples indigènes.

Nous avons vu antérieurement que le comportement socio-économique a pour but de renforcer les relations entre les membres de la collectivité naturelle, que ce comportement consiste à faire plaisir aux autres, ce qui est source de bonheur pour celui qui donne.

Ce n'est pas par hasard si les villageois congolais ou les paysans andins sont des champions pour travailler ensemble, pour discuter - la palabre -, pour faire la fête, pour chanter, pour danser... Pour eux il y a toujours du temps pour ces moments forts, plein de joie et de bonheur.

Pour le monde occidental, le temps c'est de l'argent, pour les peuples indigènes, c'est vivre ensemble. Et cela ne date pas d'aujourd'hui si on en croît la lettre suivante :

> **Lettres d'un cultivateur américain (1782)**
>
> Jean de Crèvecoeur, un français qui vécut en Amérique durant presque 20 ans, raconte dans ses « Lettres d'un cultivateur américain » comment les enfants blancs capturés par les Indiens pendant la guerre des Sept Ans (1756-1763), puis retrouvés par leurs parents dans les tribus indiennes, refusaient de quitter leurs nouvelles familles. « Il doit y avoir dans leur organisation sociale, dit-il, quelque chose de particulièrement séduisant et de bien supérieur à tout ce qu'on pouvait mettre en avant chez nous. En effet, si un millier d'Européens sont aujourd'hui indiens, on ne trouve pas d'exemple d'un indigène ayant choisi de devenir européen » (*Howard Zinn, Une histoire populaire des Etats-Unis, 2014*).

L'Autre pour l'homme traditionnel est perçu comme une promesse de vie heureuse.

> **Non, les hommes n'ont pas toujours fait la guerre**
>
> « De nombreux travaux mettent en évidence le fait que l'être humain serait naturellement empathique. C'est l'empathie, voire l'altruisme qui aurait été le catalyseur de l'humanisation...
>
> « La « sauvagerie » des préhistoriques ne serait qu'un mythe forgé au cours de la seconde moitié du XIXe siècle pour renforcer le concept de « civilisation » et le discours sur les progrès accomplis depuis les origines... Comme le montrent les données archéologiques, la compassion et l'entraide, ainsi que la coopération et la solidarité, plus que la compétition et l'agressivité, ont probablement été des facteurs-clés dans la réussite évolutive de notre espèce » *(Marylène PATOU-MATHIS, 2015)*

Par contre pour l'homme moderne, sauf rares exceptions, l'Autre est devenu un rival, un concurrent, une menace, parfois même un danger dont il faut se défendre, ce n'est donc pas lui qui va être source de bonheur.

> **Le « toujours plus » comporte des risques**
>
> Dans les quartiers résidentiels de Lima, les nouveaux riches - licites ou illicites - sont fiers de pouvoir afficher leur nouveau statut d'appartenance à la classe supérieure – la « culture du paraître » -, mais de ce fait, ils deviennent la cible choisie par une nouvelle race de délinquants bien plus ambitieuse et dangereuse – vols à mains armées, assassinats, extorsions…- que les traditionnels pickpockets, car ils veulent, eux-aussi, s'enrichir rapidement et facilement. Du coup ces nouveaux riches se sentent en danger et ils s'enferment dans leurs belles demeures entourées de grilles, de fils de fer barbelés, de clôtures électriques et équipées d'alarmes de toutes sortes, et s'ils sortent de chez eux dans leurs luxueuses voitures aux vitres polarisées, c'est avec une grande méfiance envers l'Autre, même si c'est un voisin, car ils peuvent être attaqués à tout moment. *(Observation personnelle)*

Suite à de longues recherches, un psychologue nord-américain, donc un occidental, a conclu que la solidarité rend heureux, en ces termes :

« La découverte la plus consensuelle de la recherche sur les facteurs de la satisfaction est que le bonheur est déterminé par la profondeur et l'amplitude des liens sociaux »

Donc, ne perdons pas espoir !

Et une fois de plus citons *Edgar Morin* :

« La prose, c'est l'inévitable et l'obligatoire, sans joie, c'est ce qui peut nous faire survivre et nous empêche de vivre vraiment. Vivre vraiment, c'est vivre poétiquement, c'est-à-dire dans l'épanouissement de soi, la communauté, l'amour, la participation à autrui et au monde ».

En faisant référence aux relations au sein de la collectivité naturelle, on inclut les relations avec la nature qui sont aussi source de bonheur : le bonheur de semer et de voir pousser une plante – comme la rose du Petit Prince de Saint-Exupéry -, le bonheur de pouvoir admirer un beau paysage, le bonheur de pouvoir manger bon et sain, etc.

On peut inclure enfin les relations avec les divinités qui sont aussi source de bonheur, comme par exemple, le bonheur après une longue période de sécheresse d'avoir été écouté, grâce à de nombreuses invocations, par la « divinité » Pluie ou les éléments naturels.

Le « Buen-Vivir » (mot à mot : Bon-Vivre)

L'Équateur et la Bolivie, pays dans lesquels la majorité de la population est d'origine amérindienne ont choisi la voie du « Buen-Vivir » pour tendre vers le bonheur. Comme mentionné plus haut, ils ont inscrit cette option de vie dans leurs Constitutions respectives.

Le « Buen-vivir » proviendrait du concept quechua de « Pacha » : le temps et l'espace, le ici et maintenant, le monde immanent de leur cosmovision. L'individu ne peut pas être heureux s'il ne vit pas le présent et s'il ne se situe pas dans un espace concret.

Parmi les diverses présentations du « Buen-vivir » (*Acosta, 2014, Aries, 2014...*), voici un résumé de celle que propose *Boris Marañon-Pimentel (2012)* :

Le Bon-Vivre est une proposition alternative à la société capitaliste qui émane des peuples indigènes latino-américains et qui se caractérise par une manière de vivre qui repose sur les connaissances ancestrales de respect de la nature, du travail collectif et de la réciprocité.

Et il précise qu'avec le « Buen-Vivir » ;

- On abandonne la prétention du développement comme un processus linéaire,

- On défend une autre relation avec la nature où on la reconnaît comme sujette de droits et on postule diverses formes de relations avec l'environnement,

- On ne mercantilise pas les relations sociales et on ne réduit pas tous les biens et services en marchandises,

- On re-conceptualise la qualité de vie ou de bien-être sous des formes qui ne dépendent pas seulement de la possession de biens matériels, ce qui implique l'importance donnée à explorer le bonheur et le bien-vivre spirituel,

- Au-delà de la posture matérialiste, on promeut l'importance de l'éthique et d'autres formes de concevoir et d'assigner des valeurs,

- On lutte pour la décolonisation des savoirs,

David Choquehuanca (2015) actuel Ministre des Relations Extérieures de Bolivie résume l'Article 8 de la Constitution Politique de son pays de la manière suivante :

« Vivre Bien c'est vivre dans une communauté au sein de laquelle tout un chacun se préoccupe de l'autre. Le plus important ce n'est pas l'homme (comme l'énonce le socialisme), ni l'argent (comme le postule le capitalisme), mais la vie. Vivre en harmonie avec la Nature ».

Le bon-vivre doit certes inclure du bien-être matériel, mais il doit s'opposer à une conception quantitative qui croit poursuivre et atteindre le bien-être dans le « toujours plus ». Renverser la course effrénée vers le « toujours plus » au profit d'une marche sereine vers le toujours mieux.

Même si l'argent peut répondre à tous les désirs, il demeure incapable d'offrir la joie et le bonheur d'exister.

Et concluons avec *Edgar Morin (2011)* : « La politique du bon-vivre se préoccuperait non seulement du survivre - des obligations sans joies ni bonheur -, mais aussi du vivre qui se confond avec l'épanouissement dans la relation avec autrui et avec le monde, et où les émotions et les émerveillements esthétiques doivent être considérés comme des droits dévolus à chacun ».

De l'écoute à l'action

Après avoir présenté quelques « connaissances nouvelles », issues de sociétés du Sud, rescapées du Développement qui pourraient être utiles aux sociétés modernes sur-développées du Nord, essayons maintenant d'imaginer comment elles pourraient bien transiter du Sud vers le Nord.

D'abord, arrêtons d'imposer notre modèle de Développement au Sud

Il a déjà fait suffisamment de mal aux sociétés traditionnelles du Sud, en voulant imposer le Développement occidental fondé sur l'« Avoir individuel » comme principal marqueur de progrès.

Il faut arrêter avant que les rescapés du Développement, les sociétés qui ne sont pas encore complètement « occidentalisées », ne soient, elles-aussi, embarquées dans l'impasse de la destruction de la planète.

Selon *Samir Amin* : « Il faut envisager une « déconnexion mondiale » afin que ces peuples originaires trouvent ou retrouvent leur base de vie sans entrave ».

Et ces sociétés traditionnelles qui ont su résister au bulldozer du « toujours plus » ne vont probablement pas demander qu'on les plonge dans les crises économiques, écologiques, sociales, politiques, culturelles, conséquences du Développement occidental qu'elles ont refusé.

En ce sens, *Pierre Rabhi* dénonce la logique du pyromane-pompier :

« Alors que les ressources naturelles sont aujourd'hui suffisantes pour satisfaire les besoins élémentaires de tous, pénuries et pauvreté ne cessent de s'aggraver. Faute d'avoir organisé le monde avec humanisme, sur l'équité, le partage et la solidarité, nous avons recours au palliatif de l'humanitaire. »

Si nous voulons coopérer aujourd'hui avec le Sud et profiter de l'apport de ses sociétés traditionnelles pour le Nord, partageons plutôt de nouveaux modèles inspirés de bonnes pratiques actuelles et de nos passés respectifs afin de nourrir nos relations d'éléments positifs pour un véritable développement de l'humanité et de son environnement.

Transferts Sud-Nord depuis la base

Ensuite, on peut imaginer que, contrairement aux transferts Nord-Sud de ces dernières décennies qui ont, pour la très grande majorité, été décidés et imposés en haut-lieu, c'est-à-dire par les hautes sphères de décisions politiques, mais surtout économiques, les éventuels transferts Sud-Nord n'ont aucune chance d'être décidés par ces mêmes pouvoirs de décision ; ne remettent-ils pas en cause les fondements mêmes du Développement occidental ? Ces transferts Sud-Nord devront donc émaner depuis la base, surgir à partir d'initiatives prises au niveau local, par des citoyens, des groupes, des associations, des ateliers, etc., de la société civile du Nord. Il existe déjà actuellement une multitude d'initiatives de ce genre, des expériences innovantes, des actions locales qui amorcent et renforcent la transition et le changement vers un monde plus respectueux de l'environnement, un monde qui n'épuise pas la planète et qui la respecte, tout en assurant un plus grand bien-être collectif, avec une répartition de richesses plus équitable, et un lien social fort au sein de la société.

Il faut signaler que le même genre d'initiatives au niveau local existe aussi au Sud, principalement mais pas exclusivement, au sein des sociétés urbaines.

Toutes ces actions ont su écouter, adopter et adapter des « connaissances nouvelles » qui bien sûr, ne proviennent pas uniquement de sociétés traditionnelles du Sud, elles peuvent être issues d'autres civilisations - en particulier orientales ou d'ailleurs -, voire même de l'histoire plus ou moins ancienne des sociétés du Nord. Cependant on peut tout de même constater que, concernant la relation à la nature, la vie communautaire, les valeurs, le comportement socio-économique et d'autres domaines, les réfractaires du Développement ne sont pas complètement à côté de la plaque et qu'ils pourraient bien offrir des connaissances « utiles ».

Comment contribuer à renforcer ce transfert de « connaissances nouvelles » du Sud vers le Nord ?

Avant, celui qui allait du Nord vers le Sud, des « pays développés » vers le « Tiers-Monde », était un coopérant, un expert, un missionnaire et celui qui, plus ou moins clandestinement, faisait le chemin inverse était un travailleur émigré.

Actuellement, certains pays du Sud « émergeants », ceux dont les indices macro-économiques en hausse laissent présager qu'ils vont peut-être pouvoir entrer dans le « Premier Monde », comme le Pérou par exemple, ne reçoivent plus de coopérants ou très peu, mais des « travailleurs émigrés ». En général, ce sont des professionnels, issus de pays du Nord en crise, qui ont perdu leur emploi - bien souvent ce sont des ex-exilés qui retournent au pays - et qui vont participer au développement de ces pays hôtes. Malheureusement, ils vont collaborer au même type de Développement qui est en train de provoquer la ruine de leur pays d'origine.

Ne serait-il pas plus logique et judicieux d'envoyer des « coopérants » issus de pays du Sud ou plus précisément de sociétés traditionnelles, rescapées du Développement, dans des pays du Nord en crise, au sein de sociétés civiles afin qu'ils puissent leur transmettre des « connaissances nouvelles » utiles pour les aider à bifurquer, à changer de cap avant qu'il ne soit trop tard ?

Serge Latouche (2007) : « Si l'*autre* Afrique est pauvre de ce dont nous sommes riches, en revanche, elle est encore riche de ce dont nous sommes pauvres. Il y a en Afrique de véritables *experts* des relations harmonieuses entre l'homme et son environnement qui pourraient contribuer à nous sortir de la crise écologique »

Mais il ne faut pas rêver !

D'une part qui va financer ces coopérants issus de sociétés traditionnelles ?

D'autre part qui, au Nord, va accepter d'écouter de personnes qui risquent d'être considérées comme un peu déphasées, voire arriérées ?

Enfin il est plus que probable que ces mêmes « coopérants », issus de sociétés traditionnelles du Sud se résistent à la démarche occidentale missionnaire de donner des conseils, d'instruire, de prêcher, démarche qui doit leur paraître un peu directive pour ne pas dire impérialiste. En effet, ils proviennent de civilisations polythéistes, ne se croient pas détenteurs de la Vérité et sont plutôt tolérants et habitués à une démarche du genre : « si tu veux apprendre, viens voir sur place », « tu prends ou tu ne prends pas, je n'ai rien à t'imposer ».

Il existe cependant le cas de figure où des ONG du Nord invite des experts ou des « coopérants » du Sud - non pas des membres de sociétés traditionnelles, mais des promoteurs d'actions alternatives au Développement occidental dans leur propre pays -, pour qu'ils puissent faire part de leurs connaissances dans des domaines où ils ont acquis une grande expérience, tels que l'économie informelle, populaire ou solidaire, l'organisation de communautés de base dans les quartiers urbains difficiles, l'agriculture organique, etc.

Une autre piste mérite d'être mentionnée même si elle est encore très limitée et pas toujours clairement définie :

Actuellement dans les pays du Nord en crise, beaucoup de jeunes en quête de sens, cherchent une échappatoire en partant à l'étranger et plus particulièrement vers les pays « pauvres » du Sud. Pour répondre à cette demande, de plus en plus d'associations offrent à ces jeunes et à des moins jeunes, la possibilité de s'immerger dans un village ou dans une communauté de base pendant un temps qui peut être très variable. Parfois le prétexte choisi pour justifier ce voyage est encore l'octroi de vêtements usagés ou de médicaments, ou la participation à la construction d'une école ou d'un dispensaire, mais de plus en plus ces voyages d'immersion ont simplement pour but de permettre à ces jeunes de vivre avec des gens qui ont un mode de vie différent de celui qui est fondé sur l'« Avoir ». Si ces visiteurs acceptent la démarche et ont l'humilité et la patience de découvrir, de comprendre cet « Autre » différent, non seulement ils commenceront à comprendre ce qui se passe chez eux au Nord, mais ils ne reviendront pas indifférents et il est même probable qu'à leur retour chez eux, ils n'aient plus exactement le même comportement au quotidien et qu'au mieux, ils tâcheront de mettre en œuvre ou de participer à une action qui contribue à une alternative au Développement fondé sur le « toujours plus ».

Semblable à cette possibilité, on peut mentionner les nombreuses initiatives qui tournent autour de l'idée du tourisme responsable, solidaire, écologique, culturel, etc.

Enfin la piste la plus pratique et moins couteuse est certainement la communication.

Il faut profiter du bon côté de la mondialisation qui est la communication, autrement dit la multiplication des opportunités d'échanges à travers les outils qu'offre l'informatique et la cybernétique, même si rien ne peut remplacer la richesse d'une rencontre physique entre personnes, une connaissance vraie fondée sur le dialogue et une compréhension de leur contexte respectif.

Le développement sans fin des réseaux interconnectés facilite la circulation d'informations et de connaissances entre les habitants des pays du monde quel que soit leur statut social.

Désormais, tout le monde est à égalité, tout le monde peut intervenir, tout le monde peut échanger.

Le premier pas consisterait donc à mettre sur le web des connaissances de tout genre, mises en œuvres actuellement par des sociétés traditionnelles afin que celles-ci puissent être connues et le cas échéant utilisées par des groupes, associations, ateliers, entreprises, etc. du monde moderne qui contribuent au changement de cap.

À titre d'exemple, même si ce n'est encore qu'un début de chantier, les fiches de Technologies paysannes andines du PRATEC, mentionnées antérieurement sont en train d'être « informatisées ».

Voyageurs, coopérants, migrants, touristes et autres passeurs de frontières : à nous de jouer pour mettre en relation des membres de sociétés traditionnelles ou de sociétés civiles de pays du Sud émergeants, avec des membres de sociétés civiles de pays du Nord.

<ins>Changer personnellement pour changer le monde ?</ins>

Le Développement occidental a mis l'individu au centre de son dispositif et donc le monde ne pourra changer que lorsque les individus eux-mêmes changeront.

On peut donc supposer que c'est d'abord sur lui, plus que sur les institutions et les superstructures, que repose l'enjeu de la bifurcation, de la métamorphose du monde.

Comme *Gandhi* l'a si bien exprimé :

« Sois toi-même le changement que tu veux pour le monde ».

Et plus concrètement *Pierre Rabhi* nous dit ceci :

« Il est temps pour chacun d'entre nous de reprendre le pouvoir sur notre existence et d'incarner une politique en actes dans chacune des sphères de notre quotidien : achats, déplacements, relations humaines, éducation des enfants, habitat, etc. Seul le changement individuel par l'éveil de la conscience nous sauvera. Il incombe à toute personne convaincue de cette nécessité de prendre librement en compte sa propre transformation. Le préalable pour un changement réel passe par une prise de conscience de la situation actuelle qui sera à la source de changements au niveau personnel et d'engagements avec d'autres pour contribuer à l'instauration d'un nouveau monde ».

Mais la somme des changements individuels sera-t-elle suffisamment puissante pour changer le monde ?

Pour reprendre la légende amérindienne du colibri qui « fait sa part » en jetant des gouttes d'eau pour contribuer à éteindre le feu, il serait illusoire de penser que, même en se mettant à plusieurs, les « parts » faites par de nombreux colibris ne seront pas suffisantes pour éteindre l'incendie. Il est évident que seule une mobilisation de toute la faune qui subit l'incendie, sera nécessaire pour l'éteindre, que le préalable indispensable du changement personnel devra s'articuler à un changement sociétal ce qui suppose un combat pour orienter les pouvoirs politiques et surtout économiques, afin d'avoir des chances de transiter vers, et de réussir le changement de cap.

De toute façon, cette étape préalable du changement personnel suppose une prise de conscience de la situation actuelle, une sorte de « connais-toi toi-même », qui ne peut se faire que de manière relative. C'est seulement grâce à la connaissance profonde d'une situation « Autre » tout à fait différente qu'il est possible d'envisager un changement personnel.

Et cette situation « Autre » tout à fait différente ne pourrait-t-elle pas être une des sociétés traditionnelles qui existent encore de nos jours ? Ne serait-ce pas une bonne raison pour se mettre à l'écoute des résistants à ce Développement que nous incarnons ?

Et laissons le soin à *Fernando Ramos* (*America profunda,* 2003) de clore en beauté :

« Pourvu que l'Occident puisse ouvrir son cœur pour remettre en question son mode de vie ; de notre côté nous n'avons pas peur, et au contraire on aimerait pouvoir partager nos espérances et nos rêves. Mais si l'Occident ne veut pas écouter ces paroles qui viennent de l'Amérique Profonde ou d'ailleurs, il devra assumer sa responsabilité historique de ne pas avoir écouté, de ne pas avoir accepté de se rééduquer eux et nous ensemble ».

CONCLUSION

« Alors que les générations précédentes éprouvaient le devoir de refaire le monde, la génération actuelle a une tâche beaucoup plus lourde qui consiste à empêcher que le monde ne se défasse. (*Albert Camus, cité par Frédéric Lenoir, 2012*)

Notre génération –la mienne-, *grosso modo* celle des trente glorieuses (1945-1973), était enracinée socialement à un niveau local, notre famille en général nombreuse -le baby-boom de l'après-guerre-, notre village ou notre quartier, notre usine ou notre bureau où en général on passait l'essentiel de notre vie active.

Dans cet espace local limité à dimension humaine, nous étions acteurs car on pouvait imaginer qu'il était possible de le changer, de l'améliorer. Et pour cela, on militait, on s'impliquait, on s'engageait dans des unions de quartier, des activités paroissiales, des syndicats, des coopératives, des mouvements de jeunesse, des associations, des bonnes œuvres…

Depuis cet espace local certains d'entre nous osaient se projeter au niveau national en militant dans des mouvements ou partis politiques et d'autres commençaient à s'engager au niveau international, en particulier dans le « Tiers-monde » : lutte contre la faim, aide au Développement, coopération, volontaires du progrès, commerce équitable, etc., ou pour des causes d'ordre planétaire : Amnesty International, Green Peace, plus tard ATTAC, etc.

Ces engagements, ces militances avaient au moins trois points communs :

- ils étaient collectifs, ils se faisaient en groupe c'est-à-dire qu'ils étaient fondés sur ce qui est subjacent à une relation avec autrui, à savoir des valeurs telles que la coopération, la fraternité…

- ils avaient pour but d'aider, d'améliorer la situation d'autrui c'est-à-dire qu'ils faisaient appel à des valeurs telles que la générosité, la solidarité, l'entraide, la justice sociale…

- ils procuraient un idéal, un sens à notre vie et par là même nous en ressentions une grande satisfaction et pourquoi ne pas le dire… nous étions heureux. Aider autrui constitue une source de bonheur bien plus profonde que de chercher à accumuler des biens matériels.

Actuellement, la situation des nouvelles générations n'est pas la même car le contexte est bien différent et leur tâche est certainement plus lourde et difficile.

Le contexte actuel modifie la donne principalement à deux niveaux :

Par internet et médias interposés, le monde actuel, celui des jeunes générations, est devenu un village au sein duquel on peut recevoir des échos instantanés de ce qui se passe dans n'importe quel coin du monde. Mais malheureusement, pour des raisons d'audimat, ce ne sont généralement que des échos négatifs car comme ils ont plus de « succès » et ils fournissent donc des revenus plus élevés pour ces medias. Et ces échos négatifs sont les plus prisés car dans cette « culture » de l'*Ego* où l'Autre est un rival, c'est rassurant, parfois morbide, mais de toute façon jouissif, de le savoir en situations difficiles de guerres, de maladies, de catastrophes, d'échecs, etc. Et une des conséquences du fait que ces échos négatifs dominent l'information, est que les jeunes générations ont le sentiment que tout va mal, que le monde est au bord du chaos et qu'ils n'y peuvent rien.

À cela s'ajoute le fait qu'ils n'ont plus de racines, qu'ils sont délocalisés car dans la course effrénée pour « réussir » leur vie, il faut se déplacer là où il y a des postes vacants, là où ils auront une meilleure situation, là où ils pourront gagner plus d'argent. Cela a aussi pour conséquence que les familles, qui sont bien moins nombreuses, se dissocient, se dissolvent, bref qu'ils sont devenus des électrons libres qui ne sont plus rattacher à un espace physique, ni à un groupe humain.

Ils ne sont plus acteurs mais spectateurs du Théâtre Monde où il se passe des choses qui ne les concernent pas ou plus, des choses qui ne les engagent à rien.

Cette situation du monde moderne « civilisé » provoque donc chez eux un sentiment d'impuissance qui peut déboucher, soit vers l'indifférence, le découragement - un renfermement sur soi-même, la solitude, le désespoir -, soit vers la concrétisation plein temps d'une passion, d'un hobby, leur permettant d'avoir une vie parallèle, soit le plus souvent, vers une fuite en avant égocentrique en se fourvoyant, sans se poser de question, et en se pliant aux incitations toujours plus pressantes du Développement occidental fondé sur l'« Avoir », avec l'illusion d'être un jour heureux en ayant « toujours plus ».

« Réussir » sa vie, à savoir remplir ses poches ou devenir de plus en plus riche matériellement donne-t-il vraiment un sens à la vie, fait-il d'eux, de nous, des heureux ?

« La joie de vivre est une valeur suprême à laquelle nous aspirons tous, mais que des milliards de dollars ne peuvent offrir » (*Pierre Rabhi, 2010*).

Pourquoi insister dans cette direction si cette richesse matérielle ne va pas nous accompagner dans notre tombe et en général, elle va malheureusement plutôt provoquer des brouilles, voire des disputes entre nos héritiers.

À la différence de l'animal, l'homme ne naît pas en portant en lui le sens défini de sa vie. C'est à lui de définir le sens qu'il veut donner à sa vie et il est logique de penser que ce sens devrait lui permettre d'être heureux.

Quels idéaux pourraient avoir les nouvelles générations qui arrivent dans un monde sans futur dans lequel personne ne peut dire de quoi sera fait le lendemain ? Quel sens pourraient-elles donner à leur vie ?

L'enracinement dans un espace physique et l'appartenance à un groupe humain que notre génération a eu la chance de vivre n'a-t-il pas quelque chose à voir avec ce que nous venons de décrire concernant certaines sociétés traditionnelles ? Pour ces dernières, l'espace physique est la nature et le groupe humain est la communauté paysanne ou villageoise.

Dans notre monde actuel, l'espace physique qu'il soit urbain – le quartier - ou rural – le terroir -, prend une double dimension : globale car c'est la planète-Terre et locale car, du fait des réseaux d'informations qui rendent tout proche et instantané, c'est le village-Terre.

L'une comme l'autre de ces dimensions font appel à la préservation de l'Environnement, à la relation Homme-Nature. Or nous avons vu aussi que cette relation Homme-Nature constitue pour des sociétés traditionnelles le socle, le fondement, le point de départ d'où découle tout le reste : cosmovision, organisation sociale, comportement socio-économique, système de pensée, bonheur...

L'environnement, à savoir la Nature, ne serait-il pas appelé à être de nouveau le fondement, le point de départ pour que l'Occident se remette sur des rails pour prendre une autre direction ?

Le changement personnel de l'individu occidental ne devrait-il pas s'opérer à partir de sa relation avec le milieu naturel ?

La préservation de l'environnement ne serait-il pas un thème attrayant pour motiver les jeunes générations à se bouger, à s'engager et à donner un sens à leur vie ?

L'Occident ne devrait-il pas repenser, reconstruire, fonder son futur sur une relation avec la Nature qui s'inspire de celle que les sociétés traditionnelles ont su établir et maintenir avec Elle sur la base de la réciprocité ?

Concrètement que voudrait dire aujourd'hui dans notre monde moderne avoir une relation de respect et de réciprocité avec l'environnement ?

D'abord au niveau personnel, il serait souhaitable que les changements de comportement au quotidien promus depuis quelques années par les environnementalistes, ces éco-gestes, du genre : débrancher les appareils électriques, fermer les robinets quand on se lave les dents, imprimer recto-verso, ne plus utiliser de plastiques, manger moins de viande, trier nos déchets, réduire notre consommation, donner la priorité aux produits régionaux, marcher ou faire du vélo, covoiturage, etc., ne soient pas considérés seulement comme des actes par défaut qu'il faut faire sous la menace d'un cataclysme ou que les océans vont inonder les villes ou que les forêts vont disparaître…, mais comme des actes positifs de respect et de réciprocité envers une entité qui saura nous le rendre.

Et de ce fait, on pourrait redevenir un acteur car ces changements de comportements entreraient en cohérence avec nos aspirations profondes et prendraient un sens en contribuant à retrouver petit à petit une relation d'empathie et de symbiose avec la Nature. Pour être plus prosaïque, ces actes devraient être vus comme quelque chose de « naturel », comme une conduite logique et positive pour vivre en harmonie avec l'environnement.

À partir de ces changements de comportements individuels qui, même s'ils sont utiles et nécessaires, ne vont pas changer la face du monde – « Je fais ma part » dit le colibri de la légende amérindienne-, il est probable que, petit à petit, la plupart de ces acteurs « individuels » ressentent le besoin de se mettre ensemble, de former un groupe pour prendre des engagements de plus grande envergure, soit pour dénoncer avec d'autres les politiques d'exploitation des ressources naturelles, forestières, minières et toutes sortes d'activités extractives qui dégradent la nature…, soit pour se lancer dans la recherche, l'expérimentation et la mise en œuvre d'initiatives citoyennes locales qui, sur la base du respect de la nature, contribuent à ouvrir et tracer ce changement de cap vers un autre développement.

Ces engagements supposent la mobilisation d'un nombre plus ou moins grand de personnes, ce qui, concrètement amènera l'individu à sortir de son égocentrisme pour partager des valeurs de respect, de tolérance, de fraternité, d'entraide, de coopération.

Les « défricheurs » d'*Eric Dupin (2014)*, ceux qui s'emploient à innover, à expérimenter de nouvelles façons de vivre sont des personnes « indissociablement motivées par le respect de la nature et par la qualité des liens humains. C'est ce qui explique les rapports noués entre réalisations écologiques et économie sociale »,

La vision holistique ou l'interdépendance des problèmes tracera ensuite la piste vers d'autres défis comme par exemple remettre l'économie au service de l'Homme avec la mise en œuvre d'entreprises d'économie solidaire, la défense et la protection de la diversité des cultures, la lutte contre la pauvreté et les inégalités, etc., ce qui amènera l'individu à partager des valeurs de solidarité, de justice sociale, d'équité.

Et il est plus que probable que, quel que soit son degré, l'engagement choisi permettra à l'individu de donner un sens à sa vie et de tendre vers le bonheur.

Actuellement, la multitude d'alternatives mises en œuvre par des groupements, des mouvements, des communautés de toutes sortes qui surgissent de partout tant au Nord qu'au Sud, est révélatrice d'un formidable besoin de sens. L'individu se sent responsable du devenir de ce monde-village et il dépasse son impuissance, son indifférence, son égoïsme et croit fermement qu'avec d'autres il n'est pas utopique d'œuvrer pour lui faire changer de direction. La vie n'a du sens que si nous sortons de nous-même, que si nous prenons la direction qui nous pousse à faire quelque chose avec et pour autrui pour changer le monde.

Et pour finir citons *Ariane Mnouchkine* :

« Et surtout, surtout, disons à nos enfants qu'ils arrivent sur Terre quasiment au début d'une histoire et non pas à sa fin désenchantée. Ils en sont encore aux tous premiers chapitres d'une longue et fabuleuse épopée dont ils seront, non pas les rouages muets, mais au contraire, les inévitables auteurs. Il faut qu'ils sachent que, ô merveille, ils ont une œuvre, faite de mille œuvres, à accomplir, ensemble, avec leurs enfants et les enfants de leurs enfants. Disons-le, haut et fort, car, beaucoup d'entre eux ont entendu le contraire, et je crois, moi, que cela les désespère. Quel plus riche héritage pouvons-nous léguer à nos enfants que la joie de savoir que la genèse n'est pas encore terminée et qu'elle leur appartient. Qu'attendons-nous ? »

RÉFÉRENCES BIBLIOGRAPHIQUES

Congo et Afrique
Ballif Noel, *Le Congo*, Edit. Karthala, Paris, 1993
Coquery-Vidrovitch Catherine, *Petite histoire de l'Afrique ; L'Afrique du Sud du Sahara de la préhistoire à nos jours*, Edit. La Découverte, Paris, 2011
Dongala, Emmanuel
— *Photo de groupe au bord du fleuve*, Edit. Actes Sud, Babel, 2010
— *Le feu des origines*, Ed. Albin Michel, Paris, 1987
— *Les petits garçons naissent aussi des étoiles*, Ed. Motifs, 1996
— *Jazz et vin de palme*, Ed. Motifs, 1998
Fottorino Eric, Christophe Guillemain et Erik Orsenna, *Besoin d'Afrique*, Edit. Fayard, 1992
Kabou Axelle, *Et si l'Afrique refusait le développement ?* Edit. l'Harmattan, 1991
Ki-Zerbo Joseph, *À quand l'Afrique ? Entretien avec René Holenstein*, Edit. d'En bas, Lausanne, 2013
Konaté Moussa, *L'Afrique noire est-elle maudite ?* Edit. Fayard, Paris 2010
Latouche Serge, *Entre mondialisation et décroissance, l'autre Afrique*, Edit. À plus d'un titre, Lyon, 2007
Le Bris Michel et Alain Mabanckou, *L'Afrique qui vient*, Edit. Hoëbeke, Paris, 2013
Maathai Wangari, *Celle qui plante les arbres*, Edit. « J'ai lu », Paris 2011
Mabanckou Alain
— *Lumières de Pointe-Noire*, Edit. du Seuil, « Fiction & Cie », 2013
— *Demain, j'aurais vingt ans*, Edit. Folio, 2012

— *Le sanglot de l'homme noir*, Edit. Fayard, 2012
— *Verre Cassé*, Edit. du Seuil, 2005
Tati Loutard Jean Baptiste, *Nouvelles chroniques congolaises*, Edit. Présence Africaine, 1980
Traoré Aminata,
— *L'Afrique humiliée*, Edit. Pluriel-Fayard, 2011
— *Le vol de l'imaginaire*, Edit Actes Sud/Fayard, 2002

Pérou et « Amérique profonde »

Acosta Alberto, *El buen vivir; pour imaginer d'autres mondes*, Edit. Utopia, Paris, 2014
Arguedas José María, *Indios, mestizos y señores*, Edit. Horizonte, Lima, 1985
Bazile Didier, *Le quinoa, les enjeux d'une conquête*, Edit. Quae, Versailles, 2015
Burga Manuel, *Nacimiento de una utopía; muerte y resurrección de los incas*, Edit. Universidad Nacional Mayor de San Marcos-Universidad de Guadalajara, Lima, 2005
Esteva Gustavo, Grimaldo Rengifo et Carlos Plascencia, *América Profunda (Relatorías, conclusiones y acuerdos del Coloquio, Simposio y Foro realizado del 6 al 9 de diciembre 2003 en la ciudad de México)*. Bellido Ediciones EIRL, Lima, 2003
García Miranda Juan José, *La racionalidad en la cosmovisión andina* Fondo Editorial Universidad Ciencias y Humanidades, Lima 2015
Greslou François, *Le coopérant, missionnaire ou médiateur ? Rencontre de cultures et développement dans les Andes : un témoignage*, Edit. Syros/FPH, Paris 1994
Greslou François et Bertrand Ney, *Un sistema de producción andino; el caso de los comuneros de San Juan y Huascoy (Valle de Chancay)*, Edit. Instituto Francés de Estudios Andinos, Centro de Estudios Rurales Andinos "Bartolomé de Las Casas", Cusco, 1982
Grillo Fernández Eduardo; *Población, agricultura y alimentación en el Perú*, Edit. PRATEC, Lima, 1990

— *Caminos andinos de siempre*, Edit. PRATEC, Lima, 1996
Huanacuni Mamani Fernando, *Buen Vivir/Vivir Bien; Filosofía, políticas, estrategias y experiencias regionales andinas*, Edit. CAOI (Coordinadora Andina de Organizaciones Indígenas), Lima, 2010
Marañon-Pimentel Boris (Coordinador), *Solidaridad Económica y Potencialidades de Transformación en América Latina; una perspectiva descolonial*, Edit. CLACSO, Buenos Aires, 2012
Pitarch Pedro et Gemma Orobitg (Eds), *Modernidades indígenas*, Edit. Iberoamericana, Madrid, 2012
PRATEC (Proyecto Andino de Tecnologías Campesinas) *¿Desarrollo o Descolonización en los Andes?* Edit. PRATEC, Lima 1993
Cultura Andina Agrocéntrica, Edit. PRATEC, Lima 1991
Rengifo Vásquez Grimaldo
— *Los caminos Andinos de las Semillas*, Edit. PRATEC, Lima 1997
— *«La enseñanza es estar contento"; Educación y afirmación cultural andina*, Edit. PRATEC, Lima, 2003
— *El retorno a la naturaleza*, Bellido Ediciones, Lima, 2009
Temple Dominique, *La dialectique du don : essai sur l'économie des communautés indigènes*, Diffusion Inti, Lima, 1983
Tubino Fidel, *La interculturalidad en cuestión*, Fondo Editorial PUCP, Lima, 2015
Willems Mark, *La Patria del alma; testimonio desde el país que habito y que me habita*, Edit. Rios Profundos, Lima, 2014
De Zutter Pierre, *Mitos del desarrollo andino*, Edit. Horizonte, Lima, 1988

Changer de cap

Ariès Paul, *Amoureux du Bien-vivre ; Afrique, Amériques, Asie... que nous apprend l'écologie des pauvres ?* Edit Golias, Villeurbanne, 2013

ATTAC, *Petit manuel de la transition, pout toutes celles et ceux qui aimeraient mais doutent qu'un autre monde soit possible,* Edit. Les liens qui libèrent, 2013

Azam Geneviève, *Le temps du monde fini, vers l'après-capitalisme,* Editions LLL Les liens qui libèrent, 2010

Bidar Abdennour, *Plaidoyer pour la fraternité.* Edit. Albin Michel, 2015

Bollier David, *La renaissance des communs ; pour une société de coopération et de partage.* Edit. Charles Léopold Mayer, Paris, 2014

Cochet Yves, Jean-Pierre DUPUY, Susan GEORGE et Serge LATOUCHE, *Où va le monde ? 2012-2022 : une décennie au-devant des catastrophes,* Edit. Mille et une nuits (Arthème Fayard), Paris 2012

Collectif d'animation des économistes atterrés, *Nouveau Manifeste des économistes atterrés, 15 chantiers pour une autre économie.,* Edit. LLL Les liens qui libèrent, 2015

Daniel Emmanuel, *Le tour de France des alternatives,* Edit. Seuil – Reporterre, 2014

Dupin Éric, *Les défricheurs,* Edit. La Découverte, Paris, 2014

Giraud Gaël, *Illusion financière,* Edit. de l'Atelier, Ivry-sur-Seine, 2012

Hessel Stéphane
— *Indignez-vous !* Indigènes Editions, Montpellier, 2011
— *Engagez-vous !* Edit. de l'Aube, 2013
— *Ma philosophie et dialogue avec Edgar Morin,* Edit. de l'Aube, 2013

Hessel Stéphane et Edgar Morin, *Le chemin de l'espérance,* Edit. Fayard, 2011

Hopkins Rob, *Ils changent le monde !* Edit. du Seuil, Paris, 2014

Illich Ivan, *La convivialité,* Edit. du Seuil (Essais), 1973

Kempf Hervé, *Pour sauver la planète, sortez du capitalisme,* Edit. du Seuil, l'Histoire immédiate, Paris, 2009
— *Fin de l'Occident, naissance du monde,* Edit du Seuil, Paris 2013
Kotsou Ilios et Caroline Lesire, *Se changer, changer le monde,* Edit. J'ai lu, Bien-être, Paris, 2013
Le Collegium International, *Le monde n'a plus de temps à perdre,* Edit. Babel, 2012
Lenoir Frédéric
— *La guérison du monde,* Edit. Fayard, Paris 2012
— *L'Âme du monde,* NIL éditions, Paris, 2012
Michéa Jean-Claude, *L'enseignement de l'ignorance et ses conditions modernes,* Edit. Climats-Flammarion, Paris, 2006
Morin Edgar
— *La Voie, Pour l'avenir de l'humanité,* Edit. Fayard, Paris, 2011
— *Les sept réformes nécessaires pour le XXIe siècle,* Vidéoconférence, París, 12 mars 2009.
Orru Serge, *Pierre Rabhi, le fertile,* Edit. Textuel/INA, 2011
Pelt Jean-Marie et Pierre Rabhi, *Le monde a-t-il un sens ?* Edit. Fayard, Paris, 2014
Rabhi Pierre
— *Parole de terre ; une initiation africaine,* Edit. Albin Michel, 1996
— *La part du colibri : l'espèce humaine face à son devenir,* Edit. de l'Aube, 2009
— *Manifeste pour la Terre et l'humanisme,* Edit. Actes Sud, Babel N° 1057, 2008
— *Vers la sobriété heureuse,* Edit. Actes Sud, Babel N° 1171, 2010
Rabourdin Sabine
— *Les sociétés traditionnelles au secours des sociétés modernes,* Edit. Delachaux et Niestlé, Paris, 2005
— *Replanter les consciences ; une refondation de la relation Homme/Nature,* Edit. Yves Michel, Gap, 2012
Réseau Réciprocité des Relations Nord-Sud : Aillot Suzanne, Irénée Karfazo Domboué, François Greslou, Pierre-Yves Guihéneuf et Olivier Rouault , *Savoirs du Sud, Connaissances*

scientifiques et pratiques sociales : ce que nous devons aux pays du Sud.. Charles Léopold Mayer, Paris, 1999

Senik Claudia, *L'économie du bonheur*, Edit. du Seuil et La Réplique des Idées, 2014

Serres Michel

— *Temps des crises,* Edit. Le Pommier, 2009

— *Le contrat naturel,* Edit. François Bourin, 1990

Stokkink Denis, *Le Transition durable : quelle place pour l'entreprise sociale et l'économie sociale et solidaire ?* Edit. Think Tank européen Pour la Solidarité, Bruxelles, 2013

Articles

Choquehuanca David, *25 postulados para entender el « Vivir bien »,* Article paru dans "La Razón", La Paz, Bolivia, 2015

Coquelle Claude, *Attention projet !,* Article paru dans la Revue Formation Emploi N° 45

Esteva Gustavo, *La insurrección en curso,* Article, San Pablo Etla, México, 2011

Greslou François, *Faut-il renoncer à changer le monde ? Solidarités directes et contraintes globales,* in Économie et Humanisme, N° 344, Avril 1998, pp. 55-59

Klein Etienne, *Quelle est la forme du temps ? Linéaire ou cyclique ?* Conférence donnée le 16 mars 2009 au Centre André Malraux (Recueil des notes par Françoise Vernes)

Patou-Mathis Marylène, *Déconstruire le mythe d'une préhistoire sauvage et belliqueuse ; Non, les hommes n'ont pas toujours fait la guerre,* in Le Monde Diplomatique, Juillet 2015

Terre (Revue), *Vers la Transition avec l'économie sociale et solidaire,* N° 143, Trimestriel Hiver 2013, Liège

Films

En Quête de Sens, Nathanaël Coste et Marc De la Menardière, France 2014

Demain, Cyril Dion et Mélanie Laurent, France 20

TABLE DES MATIÈRES

PRÉFACE 5
INTRODUCTION 7
CHAPITRE 1
UN PROJET DIFFÉRENT DES AUTRES ? 11
   Mon gardien ou le temps qui ne passe pas 11
   Le projet vu de France, avant de partir 14
   Qu'en est-il en réalité ? 19
   V'la le pompier ! 25
CHAPITRE 2
LE DÉSENCLAVEMENT 33
   Bonjour chef ! 33
   Villageois ou paysan ? 36
   Réhabiliter des pistes : facile à dire ! 42
   Réhabiliter des pistes : pour transporter quoi ? 47
   Réhabiliter des pistes : pour combien de temps ? ...51
CHAPITRE 3
L'AMÉLIORATION DU CADRE DE VIE 57
   Y' a pas de problème ! 57
   Constructions en « dur » qui durent ? 60

Comment interpréter les demandes villageoises ?............64
École ou enseignement ?......................................68
Dans un monde où la mort naturelle n'existe pas…........73
… quel système de santé ?...................................78
Cette ligne d'action était-elle vraiment nécessaire ?.........81

CHAPITRE 4
L'APPUI AUX OPÉRATEURS ÉCONOMIQUES.....................87
Carpe diem..87
Jamais seul, ni désemparé...................................90
Faire émerger des opérateurs économiques ?..................95
Former des conseillers en gestion…..........................99
… ou promouvoir la production agricole ?.................. 102

CHAPITRE 5
LES VRAIES RAISONS DE L'ÉCHEC
DE NOTRE PROGRAMME 109
À demain Chef !... 109
Le projet de Développement se moque de l'histoire.... 112
Le projet de Développement est linéaire 119
Éternel retour…... *119*
… Apocalypse…... *121*
… ce n'est pas la même chose.............................. *123*
Le projet de Développement ne respecte pas
la Nature... 124
Exploitation, possession, domination…..................... *124*
… versus respect, réciprocité, harmonie................... *126*

Le projet de Développement fait main basse
sur le rôle de la femme 130

CHAPITRE 6
PROJET DE DÉVELOPPEMENT VERSUS OPPORTUNITÉS
DE DÉSENROULEMENT 137

Opportunités de désenroulement 137

L'échange réciproque de savoirs 143

Quelques préalables aux éventuels « transferts »
du Sud vers le Nord 149

CHAPITRE 7
LES PAYS « SUR-DÉVELOPPÉS »
ONT BESOIN D'AIDE POUR CHANGER DE CAP 157

Des savoirs issus de sociétés traditionnelles
qui pourraient être utiles aux pays
« sur-développés » 157

La relation Homme-Nature *158*

La gestion de biens communs *160*

Les valeurs *165*

Le comportement socio-économique *168*

Le système de pensée *177*

La notion de bonheur *185*

De l'écoute à l'action 190

CONCLUSION 199

RÉFÉRENCES BIBLIOGRAPHIQUES 206

LA RURALITÉ

AUX ÉDITIONS L'HARMATTAN

Dernières parutions

FORÊT ET MONTAGNE
Textes réunis et présentés par Andrée Corvol, Charles Dereix, Pierre Gresser et François Lormant
L'importance économique de la forêt de montagne n'est pas neuve. Suite à l'évolution climatique, les États industrialisés ont engagé des politiques de boisement ou de reboisement en altitude. La sylviculture montagnarde progresse et transforme les paysages : les pentes dénudées verdissent peu à peu. Mais le vieillissement des forêts nuit à leurs fonctions et la chute d'arbres qui dévalent la pente est à l'origine des ponts obstrués et des routes coupées et aggrave les inondations. Comment y remédier et comment envisager leur rôle ?
(34.50 euros, 418 p.)
ISBN : 978-2-343-05523-7, ISBN EBOOK : 978-2-336-37259-4

JACQUES DE BOHAN UNE VISION DE L'AGRICULTURE
La passion d'entreprendre
Garnotel Joseph - Préface de Henri Nallet
Agriculteur champenois, Jacques de Bohan (1934-2005) fut de ceux qui révolutionnèrent l'agriculture de l'après-guerre. En tant que praticien puis dirigeant agricole, il manifeste une intuition qui fut à l'origine d'une profonde modernisation de l'organisation agricole française. Fondateur de Champagne viande et de Champagne céréales, le *leader* champenois exerça une influence profonde sur le destin de la coopération agricole. Ce livre traite également des défis actuels de la coopération agricole et de l'avenir qu'elle se prépare.
(20.00 euros, 202 p.)
ISBN : 978-2-343-05248-9, ISBN EBOOK : 978-2-336-37203-7

TIC ET AGRICULTURE
Appropriation des dispositifs numériques et mutations des organisations agricoles
Collectif sous la direction d'Aurélie Laborde
Malgré l'enthousiasme des discours portant sur la diffusion des outils numériques d'information, de communication et de gestion dans le monde agricole, les usages de ces technologies restent disparates, hésitants et souvent en deçà des possibilités réellement offertes par ces techniques. Ces usages et leur diffusion sont ici observés, dans une perspective interdisciplinaire, en s'attachant à étudier plusieurs secteurs agricoles et différents dispositifs techniques.
(Coll. Communication des Organisations, 24.00 euros, 244 p.)
ISBN : 978-2-296-96724-3

L'HARMATTAN ITALIA
Via Degli Artisti 15; 10124 Torino
harmattan.italia@gmail.com

L'HARMATTAN HONGRIE
Könyvesbolt ; Kossuth L. u. 14-16
1053 Budapest

L'HARMATTAN KINSHASA
185, avenue Nyangwe
Commune de Lingwala
Kinshasa, R.D. Congo
(00243) 998697603 ou (00243) 999229662

L'HARMATTAN CONGO
67, av. E. P. Lumumba
Bât. – Congo Pharmacie (Bib. Nat.)
BP2874 Brazzaville
harmattan.congo@yahoo.fr

L'HARMATTAN GUINÉE
Almamya Rue KA 028, en face
du restaurant Le Cèdre
OKB agency BP 3470 Conakry
(00224) 657 20 85 08 / 664 28 91 96
harmattanguinee@yahoo.fr

L'HARMATTAN MALI
Rue 73, Porte 536, Niamakoro,
Cité Unicef, Bamako
Tél. 00 (223) 20205724 / +(223) 76378082
poudiougopaul@yahoo.fr
pp.harmattan@gmail.com

L'HARMATTAN CAMEROUN
BP 11486
Face à la SNI, immeuble Don Bosco
Yaoundé
(00237) 99 76 61 66
harmattancam@yahoo.fr

L'HARMATTAN CÔTE D'IVOIRE
Résidence Karl / cité des arts
Abidjan-Cocody 03 BP 1588 Abidjan 03
(00225) 05 77 87 31
etien_nda@yahoo.fr

L'HARMATTAN BURKINA
Penou Achille Some
Ouagadougou
(+226) 70 26 88 27

L'HARMATTAN SÉNÉGAL
10 VDN en face Mermoz, après le pont de Fann
BP 45034 Dakar Fann
33 825 98 58 / 33 860 9858
senharmattan@gmail.com / senlibraire@gmail.com
www.harmattansenegal.com

L'HARMATTAN BÉNIN
ISOR-BENIN
01 BP 359 COTONOU-RP
Quartier Gbèdjromèdé,
Rue Agbélenco, Lot 1247 I
Tél : 00 229 21 32 53 79
christian_dablaka123@yahoo.fr

Achevé d'imprimer par Corlet Numérique - 14110 Condé-sur-Noireau
N° d'Imprimeur : 132011 - Dépôt légal : septembre 2016 - *Imprimé en France*